浙江省
钱塘江文化
研究会

ZHEJIANG QIANTANG RIVER
CULTURE RESEARCH
ASSOCIATION

宋韵文化丛书编委会

主任　胡　坚　章　燕

编委（以姓氏笔画为序）

安蓉泉　李　杰　陈荣高　范卫东

范根才　周　膺　周小瓯　徐　勤

傅建祥

支持单位　中共杭州市上城区委宣传部

宋韵文化丛书

宋韵古桥

谢占强／著

浙江工商大学出版社
杭州

谢占强

男，1970 年 8 月生，中共湖州市委宣传部副部长，湖州市社科联主席，北京茅以升科技教育基金会中国古桥研究与保护委员会委员。曾任中共湖州市委宣传部理论党教处处长、湖州日报报业集团副总编辑等职。长期从事"绿水青山就是金山银山"理念、中国美丽乡村建设、江南乡土文化等方面的理论与实践研究，出版有专著《湖州村落史》《浙江文史记忆·湖州卷》（合著）等。

总　序

胡　坚

　　宋代上承汉唐、下启明清，是中国古代文明最为辉煌的时期之一。宋代是中国历史上商品经济、文化教育、科技创新高度繁荣的时代。宋代崇尚思想自由，儒家学派百花齐放，出现程朱理学；科学技术发展取得划时代成就，中国的四大发明产生世界性影响，多领域出现科技革新；政治开明，对官僚的管理比较严格，没有出现严重的宦官专权和军阀割据，对外开放影响广远；经济繁荣，商品经济异常活跃，农业、手工业、商业等都取得长足进步；重视民生，民乱次数在中国历史上相对较少，规模也较小，百姓生活水平有较大提升，雅文化兴盛；城市化率比较高，人口增长迅速。

　　经济、社会的高度发达带来了文化的繁荣兴盛。兴于北宋、盛于南宋，绵延300多年的宋代文化，把中华文明推到前所未有的高度，为人类文明进步做出了不可磨灭的贡献。浙江的文化积淀极为深厚。作为中华文明史上的璀璨明珠，宋韵文化是浙江最厚重的历史遗存、最鲜明的人文标识之一。宋韵文化是两宋文化中具有文化创造价值和历史进步意义的哲学思想、人文精神、价值理念、道德规范的集大成者。什么是宋韵文化？宋韵文化不能简单地等同于宋代文化，而是从宋代文化中传承下来的，经过历史扬弃的，具有当代价值和独特风韵的文化现象，包括思想理念、精神气节、文学艺术、雅致生活、民俗风情等。具体来说，宋韵文化见之于学术思想的思辨之韵、文学艺术的审美之韵、发现发明的智识之韵、生产技术的匠心之韵、社会治理的秩序之韵、日常生活的器物之韵，集中反映了两宋时期卓越非凡的历史智慧、鼎盛辉煌的创新创造、意韵丰盈的志趣指归和开放包容的社会风貌，跳跃律动着中华民族一脉相承的精神追求、精神特质、精神脉络，是中华优秀传统文化的重要组成部分和具有中国气派、浙江辨识度的典型文化标识。

当前，我们对中华传统文化，要坚持古为今用、推陈出新，继承和弘扬其中的优秀成分。要建立具有中国特色、中国风格、中国气派的文明研究学科体系、学术体系、话语体系，为人类文明新形态实践提供有力的理论支撑。要以礼敬自豪、科学理性的态度保护和传承宋韵文化，辩证取舍、固本拓新，使其具有重大而深远的历史意义和时代价值。为此，浙江提出实施"宋韵文化传世工程"，形成宋韵文化挖掘、保护、研究、提升、传承的工作体系，高水平推进宋韵文化创造性转化、创新性发展，让千年宋韵在新时代"流动"起来、"传承"下去，形成展示"重要窗口"独特韵味、文化浙江建设成果的鲜明标识。

根据"宋韵文化传世工程"部署，浙江将围绕思想、制度、经济、社会、百姓生活、文学艺术、建筑、宗教等八大形态，系统研究宋韵文化的精神内核、文化内涵、地域特色、形态特征、历史意义、时代价值、传承创新，构建体系完整、门类齐全、研究深入、阐释权威的宋韵文化研究体系，推进宋韵文化文献资料的整理与研究，打造宋韵文化研究展示平台。深化宋韵大遗址考古发掘、保护、利用，构建宋韵文化遗址全域保护格局，让宋韵文化可知、可触、可感，为宋韵文化传承展示提供史实依据。推进宋韵重大遗址考古发掘，加强宋韵遗址综合保护，提升大遗址展示利用水平。以数字化手段赋能宋韵文化传承弘扬，全面构建宋韵文化数字化保护、管理、研究、展示、衍生体系，打造宋韵文化遗存立体化呈现系统，实现宋韵文化数字化再造，让千年宋韵在数字世界中"活"起来。加强宋韵文化数字化保护，打造数字宋韵活化展示场景，构筑宋韵数字服务衍生架构。坚持突出特色与融合发展相协调，围绕"深化、转化、活化、品牌化"的逻辑链条，深入挖掘宋韵文化元素，加强宋韵文化标识建设，打造系列宋韵文化标识，塑造以宋韵演艺、宋韵活动、宋韵文创等为支撑的"宋韵浙江"品牌，推动宋韵文化和品牌塑造的深度融合，提升宋韵文化辨识度，打造宋韵艺术精品、宋韵节庆品牌、宋韵文创品牌、宋韵文旅演艺品牌。深入挖掘、传承、弘扬宋韵文化基因，充分运用"文化＋"和"互联网＋"等创新形式，推进宋韵文化和旅游深度融合，进一步优化布局、完善结构、提升能级，把浙江建设成为国际知名的宋韵文化旅游目的地。优化宋韵文旅产业发展布局，建设高能级旅游景区集群，发展宋韵文旅惠民富民新模式。建设宋韵文化立体化传播渠道，构建宋韵文化系统化展示平台，完善宋韵文化国际化传播体系。统筹对内对外传播资源，深化全媒体融合传播，构建立体高效的传播网络，着力打造融通中外的新范畴、新表述，推动宋韵文化深入人心、走向世界，使浙江成为彰显宋韵文化、具有国内外影响力的展示窗口。

　　我们浙江省钱塘江文化研究会全体同人，积极响应浙江省委、省政府的号召，全身心投入宋韵文化的研究、转化和传播工作之中，撰写了许多论文和研究报告，广泛地深入浙江各地进行文化策划，推动宋韵文化提升城市品位，参与发展宋韵文化事业和文化产业，让宋韵文化全方位地融入百姓生活。

为了提升我们自己的思想水平和工作水平，同人们认真学习和研究宋韵文化，深入把握历史事件，精准挖掘历史故事，系统梳理思想脉络，着力研究相关课题，在此基础上，撰写了一系列通俗读物，以飨读者，为传播宋韵文化做出自己的贡献，于是就有了这套丛书。

这套丛书有以下几个特点：一是通俗性，以比较通俗的语言和明快的笔调撰写宋韵文化有关主题，切实增强丛书的可读性；二是准确性，以基本的宋韵史料为基础，力求比较准确地传达宋韵文化的内容；三是时代性，坚持古为今用，把宋韵文化与当下的现实应用紧密地结合起来，能够跳出宋韵看宋韵，让宋韵文化为当下的经济社会发展和百姓生活服务；四是实用性，丛书中有许多可以借鉴的思想理念和可供操作的方法途径，可以直接应用于文化事业和文化产业。

限于我们的研究深度与水平，丛书中一定有不少谬误，敬请读者批评指正。

2022 年 8 月 15 日

（作者系浙江省钱塘江文化研究会会长、浙江省宋韵文化研究传承中心专家咨询委员会召集人）

目录

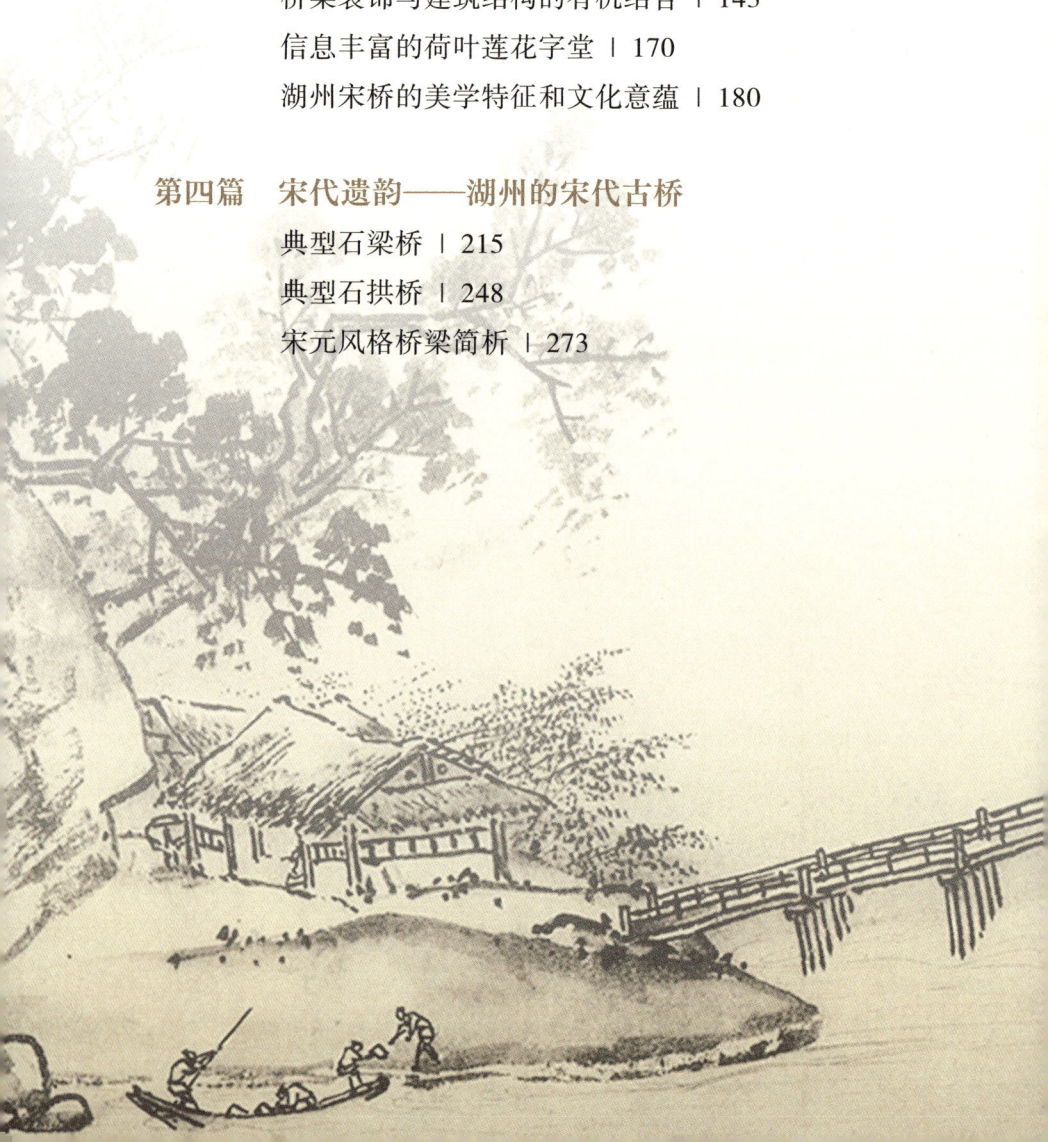

第一篇

绪　论

　　湖州市位于东经 119° 14′ —120° 29′、北纬 30° 22′ —31° 11′之间，东西长 126 公里，南北宽 90 公里，处于浙江北部、太湖南岸，紧邻江苏、安徽两省。现辖德清、长兴、安吉三县和南浔、吴兴两区，总面积 5820 平方公里。唐顾况在《湖州刺史厅壁记》中称赞湖州道："江表大郡，吴兴为一。……其英灵所诞，山泽所通，舟车所会，物土所产，雄于楚越，虽临淄之富不若也。其冠簪之盛，汉晋以来，敌天下三分之一。"斯波义信在著作《宋代江南经济史研究》一书中以湖州为例，力求从时间和空间两方面探索迄于宋代的浙江湖州定居史的沿革，他认为："唐、五代、宋掌握了围、坝、堰、塘的技术后，才有了营造所谓新田的能力，也许，这种技术可以说是起源于吴越旧制的古代传统技术的演进和发展。但把这种新田营造与低洼地上的排水造田、向低湿地的大量移民、村落定居、集约化土地利用等方面联系起来综合考虑，这标志着划时代农业革命时期的来临。"斯波义信试图通过水利设施数量的增加、人口的增加、村落普及、产业分化、市镇的增加等一系列数据来说明，在湖州沿湖及东乡的低湿地带，这场"划时代的农业革命"在宋代已经来临。

　　李伯重是最早对江南的农业问题进行系统研究的学者。他用经济史学界的定量分析方法，对唐代江南农业中水稻种植制度、农户耕田数、副业情况及农民年劳动日数、农户年产值等问题都做了估算。他提出，唐代的江南，包括嘉湖平原在内的地区，有一场农业变革，正是唐代江南农业的迅速发展，使得江南经济实力明显增强，改变了江南经济在全国的地位。加之江南大量人口向手工业、商业转移，江南的经济得到更加迅猛的发展。由于自然地理条件的诸多优势，加上唐安史之乱后经济重心的南移，江南地区经人们的努力开发，经济迅速崛起，中国社会经济的地理格局逐渐发生了耐人寻味的重大变化。中唐以后，唐财政收入便仰仗江南，所谓："军国费用，取资江淮，江东诸州，赋取所资，漕挽所出，军国大计，仰于江淮。"唐末还流行起"放尔生，放尔命，放尔湖州做百姓"的歌谣。

　　晚唐藩镇体制下的湖州，虽然也发生了几次叛乱，但是，直到唐末黄巢起义波及全国并奠定了以后五代十国的格局时，尚是一个平安之地，其经济也得到迅速发展。五代时期，战乱频仍，吴越国割据南方，自钱镠创建伊始，至钱俶纳土归宋，有近百年的历史。钱镠采取保境安民和"休兵息民"的战略方针，重农桑、兴水利，使两浙之地有一个较长的稳定发展时期。978年，吴越国末代国王钱俶为了避免战乱主动纳土归宋，吴越国境内终其一朝，从未遭遇大规模战乱。因此，中原人口第二次大规模南迁从安史之乱起到吴越国纳土归宋止，历时长达两个世纪，南方人口进一步向东南地区集中。

　　清人顾祖禹在其《读史方舆纪要》中这样总结吴兴对于吴

越国的重要性："吴越时恃为北面重镇，淮南来攻，由宣州出广德必道吴兴之郊，而后及于余杭，余杭之安危，吴兴实操之也。"湖州是吴越国的重要经营地，钱镠的三弟，钱镠的第七子、第九子、第十一子、第十五子，钱镠的三个孙子，钱镠的一个玄孙，4代9人历任湖州刺史，其中第七子钱元瓘从湖州刺史起步，最后成为吴越国第二代国王文穆王。从任命的人选上，可看出吴越国对于湖州的重视程度，这也从侧面反映了湖州在吴越国中的地位。晚唐到吴越时期，南太湖的弧形湖岸线正式成形，吴越国在湖州不仅有军事上的经营和布局，更有大量农田水利工程建设，横塘纵溇的格局基本形成，奠定了两宋湖州低地全面深度开发的基础。

湖州所在的长江下游至少从北宋初年开始，成为中国人口分布的重心。在古代中国，户口数是经济实力的标志，从户口数可知，北宋时期的经济重心已移到南方，吴越地区是重中之重。北宋后期，江南经济已全面超越北方，其全国经济重心的地位完全确立。南宋宁宗朝官员吴衡敏锐地察觉到了这一巨大的变化，对此曾做过精辟的概述。他说："天下地利，古盛于北者，今皆盛于南……以元丰二十三路较之，户口登耗，垦田多寡，当天下三分之二。其道里广狭，财赋丰俭，当四分之三……陆海之利，今称江浙，甲于天下，关陇无闻；灌溉之利，今称浙江、太湖，甲于天下，河渭无闻。"斯波义信也研究认为，至北宋中期，"以长安为中心的中国西北，其成长周期正趋于下降，取而代之的是以苏、杭为中心的东南的上升周期已经开始"。

1125年金灭辽，1127年金灭北宋。宋室南渡，北方人口大量南迁。从靖康元年至绍兴十一年（1126—1141），短短十余年间，"四方之民，云集二浙，百倍常时"，绍兴十一年，宋金和约达成，和约规定南宋不得接收金朝"逃亡之人"，南迁的浪潮始告消退。湖州是南渡移民一个主要迁入点，南宋嘉泰《吴兴志》卷二十说："高宗皇帝驻跸临安，（湖州）实为行都辅郡，风化先被，英杰辈出，四方士大夫乐山水之胜者，鼎来卜居。"元人宇文公谅所撰《左丞潘公政绩碑》也说："自唐更五季至宋南渡，而吴兴去宋行都最近，苕、霅二水分贯郡城，宋诸王公，钟鸣鼎食，邸第相望，舟车往来，烟火相接。"我们来看一下两宋湖州人口的增长情况：北宋太平兴国九年（984），湖州户38748，大中祥符九年（1016）户129510，元丰八年（1085）户145010，崇宁元年（1102）户162335，至南宋淳熙九年（1182），湖州增加到204509户。宋按政治、经济情况和户籍数量，将县划分为赤县（京城区）、畿县（京城外）、望县（4000户以上）、紧县（3000户以上）、上县（2000户以上）、中县（1000户以上）、中下县（1000户以下）和下县（500户以下）等几种。据嘉泰《吴兴志》载，乌程、归安、长兴、安吉为望县，德清为紧县，武康为上县。隆兴年间（1163—1164）乌程县进入全国四十大县之列，而宋代的乌程县已分出东南十一乡置归安县，面积只有唐代乌程县的一半，以南太湖的滨湖带为主。许多厌倦官场的士人选择了湖州及其周围地区作为生息的场所，如菁山、射村、梅溪，都是因为这个缘故在这一时期快速发展的。查阅地方志和相关姓氏的家谱文献可知，古村落的形成大多可追溯到北宋末年皇室南渡时期，如轧村便是如此来的，"宋高宗渡江，驻跸轧村，车马填驷，故名轧上林村，又名上临"。晟舍因闵氏自南渡来浙，占籍晟舍而有人烟，渐聚市。南宋中后期，流民继续迁入。其他如郭吴的吴氏、诸氏，也是这一时期迁入安吉的，他们在明清时期发展成为名门望族，郭吴、鹤鹿溪、洛四房等古村落都是吴氏、诸氏后人的主要居住地。

"舟行苕霅双溪上，人在苏杭两郡中。"这是南宋文学家刘过《寄湖州赵侍郎》中的诗句。清代地理学家顾祖禹的《读史方舆纪要》总结道，湖州"山泽逶迤，川陆交会，南国之奥，雄于楚、越。自三国置郡以来，恒为江表之望。建国东南，此尤称腹心要地"。江南运河亦称浙西运河，从苏南入浙江，分东、中、西三线。其中的中线、西线均穿越于南太湖的低洼湖沼平原中，正如水利学家潘季驯所说，"浙西运河，大都发源于天目，盖以苕溪为之委输也"。江南运河水流平缓，流量丰富，是京杭运河运输最繁忙的航道。两宋的官员、诗人和商人都喜欢选择湖州路线，因为沿途山水清远，风光和景色比杭嘉段更美，行船也更加方便，不需要过堰闸。当时运河沿线有许多夜航船，南宋诗人袁说友写有诗句"我家苕霅边，更更闻夜船。夜船声欸乃，肠断愁不眠"，《中吴纪闻》中也称"夜航船惟浙西有之"。运河沿线繁衍出湖州最富庶的村落和市镇，新市、菱湖、双林、南浔，从无到有，从小到大，从唐代的散村，到宋代崛起为市镇，再发展到江南雄镇，如今都是中国历史文化名镇。这些市镇都具有运河商业文明的特质，具有独特的空间布局、建筑风格和文化传统。唐宋时期大体成型的湖州运河水系，拥有六纵五横的大型运河网络，是江南运河的主要骨架，通过密如蛛网的内河支港联系着广阔的水乡腹地，并向西连通长兴、安吉，四安（泗安）塘更是西接宣城。

大规模移民浪潮，带来巨大的人口压力，必然伴随着大规模的土地开垦。经过六朝、隋、唐、北宋不断地向低洼平原拓展，发展到南宋，湖州的经济中心和聚落重心已经明显东移到了乌程、归安的东部到德清一线，也就是运河水网地带。唐宋时期湖州低地平原的大规模运河水利工程，为东部大片"沮洳下湿"之地的开发和溇港圩田的架构提供了支撑。圩田的兴修萌芽于春秋战国时期，以后的发展趋势，是由局部低地的围垦向建设平原水网、平原水网圩田发展。平原水网圩田系统形成于唐中后期至五代间，宋代，尤其是北宋政和至南宋期间，大力向腹地的湖荡围垦。围湖造田在唐时便已经出现，但真正大规模开发圩田却是在两宋，特别是南宋时期。"横塘纵溇、位位相接"的棋盘式水网体系成型，急流缓受，级级调蓄，太湖溇港实现了治水与治田的结合，大量的圩田被开垦出来，带来了农业的大发展，太湖南岸从南宋起就成为中国传统农业最为发达的地域，呈现"土狭人稠，田无不耕""无不耕之地""四郊无旷土，随高下悉为田"的景象。2016年11月，太湖溇港成功入选世界灌溉工程遗产名录。吴泳引时谚曰："'苏湖熟，天下足'，勤所致也。"高斯德也说："其熟也，上田亩收五六石，故谚云'苏湖熟，天下足'，虽其田之膏腴，亦由人力之尽也。"吴、高二人都强调此系"勤所致""人力之尽"，充分肯定了湖州百姓的创造力。在宋元之际的卫宗武眼里，湖州荻塘沿线已"烟火人村盛，川途客旅稠。荻塘三百里，禹甸几千畴。绵络庐相接，膏腴稼倍收。经从少至老，复此系扁舟"。

　　湖州是世界丝绸文化最重要的发祥地，有 4000 多年历史的钱山漾遗址出土了世界上迄今为止最早的家蚕丝织品，这是其作为"世界丝绸之源"最有力的佐证。入宋后，湖州成为中国蚕丝主要产地，已有"湖丝遍天下"之美誉，诸多农户"以蚕桑为岁计""惟藉蚕办生事"。陈旉《农书》总结了湖州植桑养蚕之法，桑基圩田与桑基鱼塘模式正式形成。桑基鱼塘匠心独运，将农、桑、渔、畜生产整合在一起，形成了一个水陆相互联系、动植物相互作用、物质循环利用的环环紧扣、结构稳定、高效低耗的水陆复合人工生态系统。湖州也因此出现了种桑和养鱼相辅相成、桑地和池塘相连相倚的江南水乡典型的生态农业景观。2017 年 11 月，"湖州桑基鱼塘系统"被联合国粮农组织正式认定为全球重要农业文化遗产。随着唐宋运河的成型成网，低洼平原大规模围垦土地，交通的便捷还带来了商机，湖州地区出现了以蚕丝为代表的商品性农业增长、市镇兴起，形成了一个农商并行发展的"农商社会"，为农耕文明向工商文明的转进拉开了序幕，为后来明清湖州市镇的繁荣和农工商业的发展奠定了基础。丝绸之路的真正起点，就在江南女子的织机上，就在湖州绵延俊秀的乡村里。依托运河的江南丝路，是两宋海上丝绸之路的源头，江南丝路运河沿线的湖州市镇、乡村各自都有着不同的特色丝绸产品、不同的丝绸文化、不同的丝绸故事、不同的丝绸人文风趣。

　　湖州两宋之际的大规模移民浪潮，始终伴随着大规模的城市、市镇及村落建设，也始终伴随着大规模的桥梁建设。嘉泰

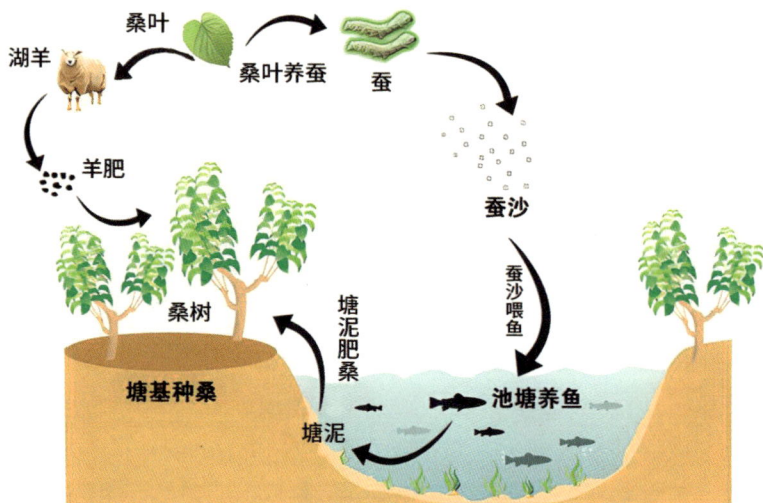

图1-1　湖州桑基鱼塘系统生态循环模式图

《吴兴志》卷十九"桥梁"详细记载了湖州城厢水系与桥梁的关系："湖为泽国，苕霅众水会于城中，浩漾湍急既不可厉揭，而涉济以舟筏，遇风朝雨夕、溪流瀑涨之际，亦有覆溺之惧，故成梁之政，视他郡尤急。郡旧称三巨桥，而旧经统记共载七桥，徐仲谋有《溪上七桥》诗曰'罗列全如斗极星'是也。盖由余不、前溪等水自定安门入，苕水自清源门入，二水至江子汇合为霅溪，以出临湖门。跨余不水有甘棠桥，跨苕水有仪凤桥，而骆驼则跨合流之霅水也，是谓三巨桥。东有运河自迎春门入，至骆驼桥南与霅水会。又苕水分一港，自乌程县治东之北岸出迎禧门。又霅水分一港，自骆驼北之西岸出奉胜门。跨运河有望州桥、人依桥，跨苕水支港有眺谷桥，跨霅水支港有楚帝桥，通前之三以为七，其前他有前石桥、后石桥，见唐人碑记，望仙桥见《统记》，余多后人增创者也。""右诸桥，多以居人蕃盛。甍宇蝉联，随时于支港创造。以便行旅，或里社募缘，或巨室自建。"嘉泰《吴兴志》记载了架在湖州城厢稠密河网之上的40多座桥，以桥为坐标来划分街坊。水陆并行的街巷至南宋已基本定型，之后的元明清时期，城厢桥梁基本以重建重修为主，很少有新建桥梁。嘉泰《吴兴志》还记载了市镇的桥梁建设："《续图经》载："清风桥、明月桥在浔溪，并绍兴初建，兴德桥、济远桥、通安桥、美利桥、安利桥在乌镇，绍圣以来建。""

　　如果说水是湖州的命脉，桥就是这座城市的纽带。明弘治《湖州府志》卷五"桥梁"记载："吴兴北临具区、南来苕霅之水咸趋于此，其间散而为溪港者，不可胜纪，所以郡之桥梁尤倍于他所也。"桥不但联结着水巷的民俗与风情，也联结着这座城市的过去和未来。湖州是江南著名的古桥之乡，湖州有很多带"桥"字的老话："我走过的桥比你走过的路还多"是摆老资格，"船到桥头自会直"是宽慰人，一码归一码会说"桥归桥，路归路"，不愿意一块儿玩了就说"你走你的阳关道，我走我的独木桥"。湖州桥多，人们常说"有庙必有桥，庙前必挑桥"，"东西南北栅，处处都是桥"，菱湖新市古镇有"九潭十三浜""七十二爿半桥"的说法。北宋以前的湖州古桥以木桥为主，环太湖地区古桥易木为石，最早采用的石材是今天德清东苕溪沿岸山体开采的武康石，如今浙北杭嘉湖、江苏苏州及上海等地保存至今的宋代古桥，无一例外均为武康石桥，其风格与类型也基本一致，苏州和上海等地更是把武康石作为判断宋桥的主要依据之一。湖州的宋元武康石桥保存量很大，有中国数量最大、最集中的宋元古桥群。其中桥上有确切宋代纪年信息的古桥就超过 30 座，还有一大批宋元特征明显的武康石桥，总数超过 100 座。留下来的古桥质量之高、雕刻之精美令人叹服，可以说代表着那个时代的最高技术水准，体现着当时的主流审美情趣。湖州宋桥具有一些共同的特征：

一、建造石材均采用武康紫石。武康石是一种砂岩，由于表面呈紫色，所以被称为"武康紫石"。武康石便于开采，适合制作较大的形材，便于加工雕刻，能雕琢出复杂的图案。在武康石桥的望柱、桥栏、纵梁外沿、排柱、天盘石、横帽石梁等处，我们至今尚能看到大量精致的雕刻，线条流畅灵动，富有立体效果。

二、梁桥桥墩以薄石板并列竖置的石壁墩为大宗。湖州宋代梁桥的武康石立柱是宽度远大于厚度的石板，厚度常不足 30 厘米，数根石板立柱并列间排或密排竖置成石壁墩，即真正的薄壁墩，并以榫卯技术固定立柱、盘石和帽梁，从而形成稳定架构。这种结构建造简便，整体性较好，是沿用千年的古老技术，

图1-2　湖州城厢武康石桥栏华板上的缠枝莲纹

图1-3　社桥，石壁薄墩梁桥（位于德清县阜溪街道龙山村，全国文物保护单位）

在湖州地区得到广泛应用，以此建成的大小桥梁不计其数。

　　三、拱桥桥拱均为以分节并列法砌置的圆弧拱。宋元古桥拱券一般以圆弧形和没有横联石的分节错缝并列砌置为特点，呈弓形，宛如水中的皎月，而且越是古老拱形越坦，弧度越小，后期桥梁的拱券一般均采用横联分节并列砌置法，大多呈半圆形。而且宋元圆弧形坦拱拱桥，桥顶面中心无顶盘石，即后期拱桥所称的定心石（桥心石），拱券内顶部无方形石块，即后期拱桥所称的龙门石。

四、拱桥与梁桥的桥面均呈弧形。拱桥与梁桥的区别不在于整桥是否呈拱形或桥面是否有弧度，而在于支撑桥面的是否为拱券。拱桥桥面亦以长弧形条石纵向铺就，这与梁桥桥面均采用长弧形条石纵铺的技术和做法相同。拱桥桥面呈大弧形，有别于后期拱桥的八字折边形桥面，甚至不设台阶。梁桥桥面纵梁也略呈上弧，两边向中间依次增厚，连接闭合成弧形连续桥面，以笨重的石头构成，却能实现木梁般的轻盈灵动，明显有别于后期平直的梁桥。桥面纵梁的边缘做成垂直的折沿形（睑边），与拱桥上的仰天石、垂带石侧面的折沿风格和造型一致。弧形折沿睑边连通，整个桥的侧立面就呈现出完美的长弧形。无论拱桥还是梁桥，桥面石梁常镌刻横向栉阶，这种形式亦称马道，栉阶的设计既起到防滑的作用，又不影响车马上下。

五、金刚墙均采用错缝平砌法。用条石砌筑桥台（金刚墙）的时候，按照古桥面阔方向摆放的条石，称为顺石，按照进深方向砌置的条石，称为丁石。现存湖州宋桥两侧桥台（金刚墙）一般均用条石错缝平砌，使用的条石相对比较大，将条石按照墙面面阔方向，上下交错砌筑，不见后期桥梁的丁石。

六、弧形须弥座式桥栏最常见。现存湖州宋桥，如果设置栏板，其栏板常用独块石料凿成须弥座形状，桥栏呈长弧形，断面呈明显的须弥座式。须弥座桥栏侧面上下凸出，中间凹入，正是由佛座演变而来。上下逐层外凸部分，称为叠涩，中间凹入部分称束腰，凹入明显的须弥座桥栏形似现代的工字梁。宋元之后的桥栏即使呈须弥座式，也流于形式，雕凿得很浅，甚

图1-4 永安桥，圆弧拱桥（位于德清县下渚湖街道下杨村，全国文物保护单位）

图1-5 妙济桥，弧形梁桥（位于吴兴区东林镇星敏村，浙江省文物保护单位）

至只有象征性的浅浅的线条，后期演变为直板。

　　七、望柱流行雕刻仰覆莲瓣纹。古桥望柱柱头雕刻仰覆莲瓣纹，流行于宋元，在样式上，莲花形态各异，种类样式繁多，以仰覆莲纹、覆莲纹、仰莲纹三种莲花形态为主。莲瓣的表现有着多种变化，或肥宽或细长，或重瓣或单瓣，有些在莲瓣间刻出中脊，有些莲瓣变化成卷云、如意的形状，不一而足。仰覆莲纹莲瓣通常做两层，仰覆呼应。仰莲与覆莲之间，或束腰，

图1-6　长寿桥，须弥座式弧形桥栏（位于南浔区菱湖镇射中村，湖州市文物保护单位）

图1-7　寿昌桥,仰覆莲瓣纹望柱(位于德清县下渚湖街道二都村,全国文物保护单位)

或饰以弦纹。

　　八、纪事常用荷叶莲花字堂。现存湖州宋桥的立柱侧面和石拱桥的拱券石面上常常镌刻源于佛教幢幡样式的荷叶莲花字堂。字堂上镌荷叶下镌荷莲,形成一个长方形的框,在框内镌纪年题刻、捐款者的名字、桥建造简史等内容。整个荷叶莲花的浮雕效果突出,尤其是荷叶的雕刻极具薄意雕之韵味,极浅的浮雕刻画出了荷叶的脉络,富有画意。

　　九、长系石和横帽石梁端面素面鳌头状造型与减地浮雕并用。现存湖州宋桥的长系石和梁桥横帽石梁端面最简单的做法是雕刻成鳌头状、带弧度的流线造型。而最经典的做法是雕刻

图1-8　南宋宝庆二年（1226）荷叶莲花字堂（位于德清县武康街道五龙社区僧家桥，浙江省文物保护单位）

图1-9　减地浮雕四季花卉（位于吴兴区东林镇青联村源洪桥，浙江省文物保护单位）

成减地浮雕四季花卉和云纹，精美的石雕刻于桥两侧双双对称，最常见的为牡丹、莲花、菊花及忍冬等四季花卉，剔地去料，将花卉形象表现出来，比较写实，立体浮雕效果非常好。

十、装饰纹样以缠枝纹与祥云纹为主。现存湖州宋桥的缠枝纹与祥云纹大量出现在桥栏板的内外侧、石拱桥垂带石的外侧与端头、石梁桥桥面纵梁的侧面与端头等处，显示了古代造桥工匠的精湛手艺。缠枝纹减地浮雕形成波线式的连续，循环往复，变化无穷。卷草卷云曲折回转，富有韵律美。

十一、桥额刻字均为阴刻。阴刻与阳刻是我国传统刻字的两种基本方法，阴刻是在平面上雕刻出凹下的文字或图案，阳刻是在平面上雕刻出凸起的文字或图案。现存湖州宋桥桥额刻字均为阴刻，分为单阴刻与双钩阴刻两种。字体一般为楷体，全国文物保护单位万善桥较为特别，为篆体。桥额绝大多数带"桥"字，但也有不带"桥"字的，如三合"寿昌"、东林"源洪"、钟管"普济"、和孚"福庆"等。明中期以后，湖州古桥桥额刻字逐步演变为阳刻，现存湖州古桥中，桥额刻字阳刻最早的是吴兴东林的圣化桥，建于正德九年（1514），其后的桥额刻字几乎看不到阴刻了。

宋代，武康紫石构筑的弧形桥梁开始在江南弥散，成为江南水乡的经典标识，诠释着这里的风物与人情。世代推移，兴衰更替，总有旧桥重修或毁弃，也有新桥破土与合龙，不知不觉间石桥的石材、形制和装饰已变化了很多回。宋代的江南往事已经随波远逝，值得庆幸的是，仍有一系列当年的武康紫石桥梁守住了它们原初的坚实和精致，屹立在时光的烟雨里。纵然凋零将尽，江南宋代的武康紫石桥尚有可观。

以湖州德清为起点，向北遍布湖州整个东西苕溪流域及滨湖溇港地区，向东辐射嘉湖平原乃至吴、越腹地，宋代涌现的石拱桥和石梁桥在田野调查下逐渐清晰地映入世人的眼帘，讲述着武康石曾经的远行故事。连通的水道，不仅运载了大大小小的石材，也传递着造桥人的手艺。对桥梁而言，首要的是保

图1-10 阴刻桥额（龙胜村兼济桥，位于德清县阜溪街道，全国文物保护单位）

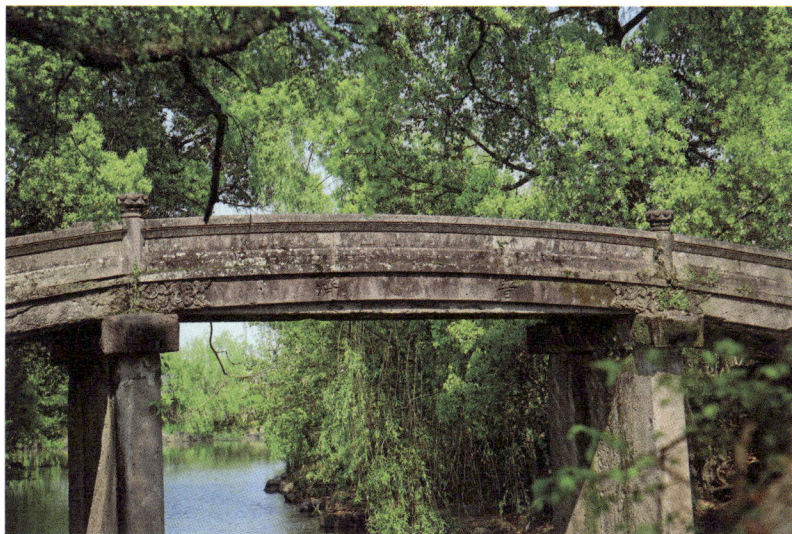

图1-11 阴刻桥额（普济桥，位于德清县钟管镇蠡山村，全国文物保护单位）

障坚固，其次才是谋求美观。我们所见到的湖州宋桥，大多将建筑性和艺术性融汇在一起。无论是匿迹江湖还是安居闹市，这些年岁最久远的水乡石桥凝聚着一个朝代的气质。莲瓣舒扬，云霞婉转，就像宋人的典雅与宁静。

第二篇

寄船策杖

——湖州宋桥简述

溇圩虹影：湖州宋桥都在田畴村墅间

　　湖州"川陆交会"，运河"支港繁多"，历来是浙西的"襟喉要地"。纵横交错的河流水道将湖州连为一体，形成完整而周密的水上交通运输网络，以至平原之地几乎村村都有舟楫通行来往，这也为湖州各地以及湖州与其他江南地区间的经济、文化交流奠定了重要基础。运河是人工开凿的通航河道，江南地区习惯把运河称作塘河，运河上的桥梁称作塘桥，湖州现存古桥直接唤作"塘桥"的就多达120多座。湖州的运河塘工始于春秋吴越争霸时的胥塘和蠡塘。嘉泰《吴兴志》云："凡名塘，皆以水，左右通陆路也。""塘"，兼有行洪、灌溉和交通的功能。湖州历代以"塘"命名的运河水利工程非常之多：两汉的荆塘、皋塘，六朝的青塘、谢塘、柳塘、荻塘、吴兴塘，唐代的凌波塘、连云塘，等等。湖州运河网络至唐宋基本成型，有东、中、西三线，它们与荻塘运河及其他运河水系，共同构成了杭嘉湖地区横贯东西、纵穿南北的水上运输网络。

　　运河在畅通水路交通的同时，也阻断了陆路来往。有河无桥路难行，跨越塘河要建塘桥，跨支港筑塘路也需要建桥，桥梁建设始终是湖州运河塘工建设的重中之重。嘉泰《吴兴志》

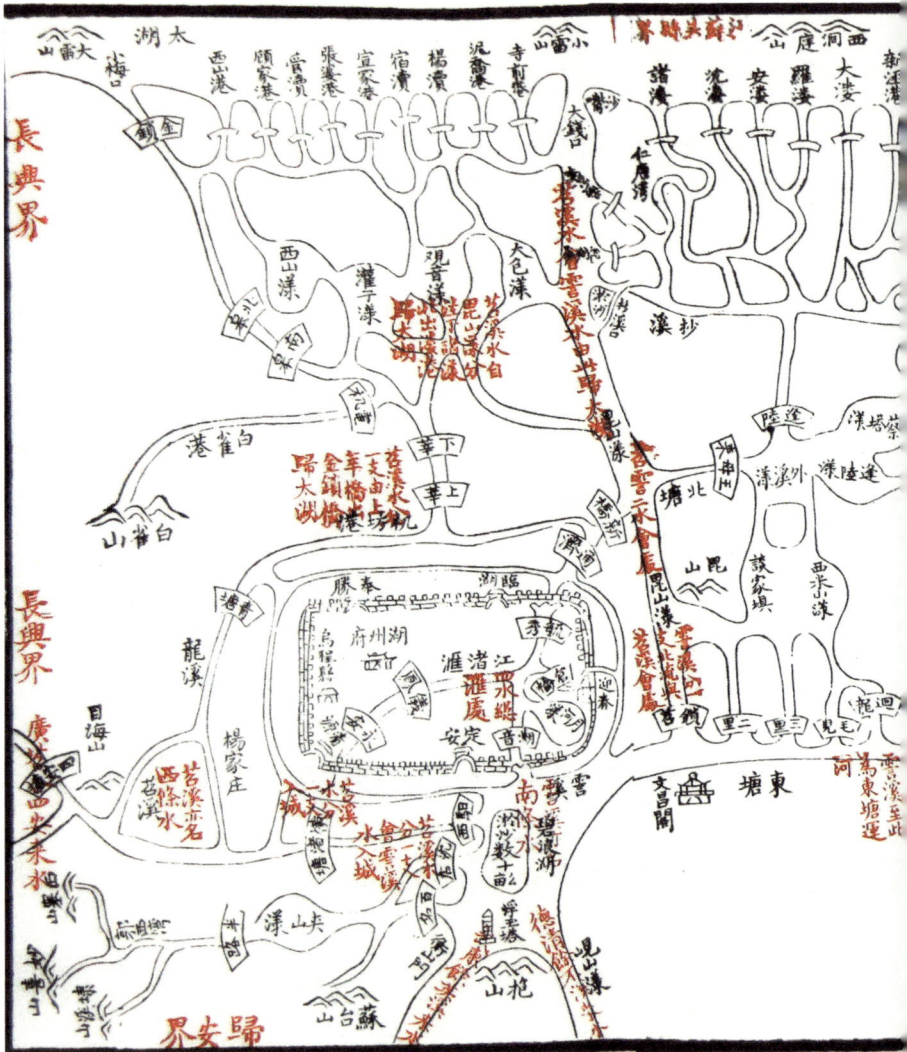

图2-1　乌程县水系图，摘自〔清〕王凤生等撰，〔清〕梁恭辰校《浙西水利备考》（光绪四年浙江书局重刊本）

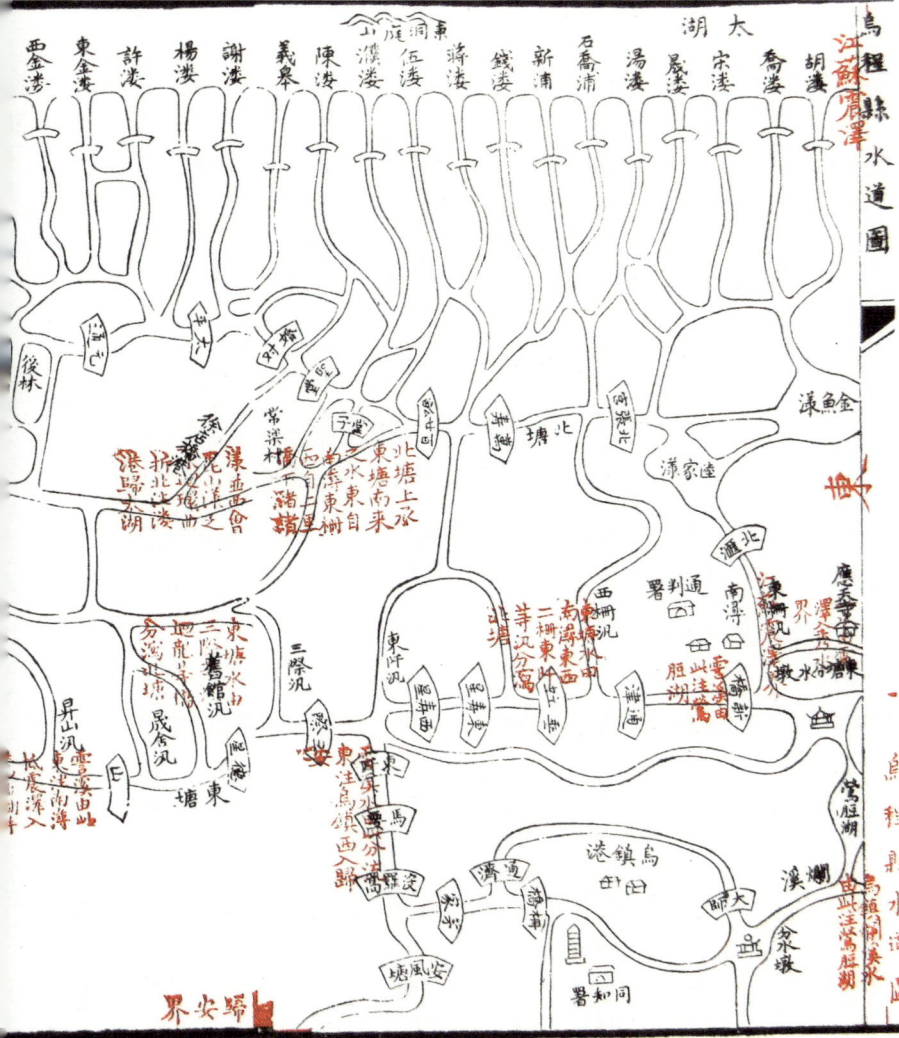

乌程县震泽水道图

记载："岘山桥在乌程县定安桥南，初郡人甃南塘既毕工，而
西山水暴涨建是桥。见《旧编》：右二桥，统系定安门接岘山
一带，南塘通泄西山溪流去处。""外濠桥、里濠桥、三里桥、
九里桥、西余桥、钱村桥、升仙桥、遇仙桥、黄闵桥、旧馆桥、
既村桥、范村桥、祜村桥、鲁墟桥、东迁桥、朱墟桥、栗墟桥、
浔溪桥，右十八桥，系自迎春门至浔溪一带官塘，通泄溪流入
太湖与近湖诸溇脉络贯通去处。"发展至清代，荻港北岸的塘
路桥梁由南宋的 18 座增加至 39 座。湖州以塘工构筑的大型运
河网络，通过密如蛛网的内河支港联系着广阔的水乡腹地，行
船密度之高，运输量之大，为国内同类内河航道罕见。湖州运
河上的古桥梁，其始建年代常可上溯至宋代，但遗憾的是，由
于跨径大、使用率高，其难免与行船磕碰，常"岁久倾圮"，
历代不停地重建重修，保存至今的塘桥也基本为清代重建，难
觅宋韵。由于湖州水运年深岁久，中华人民共和国成立后，为
了发展交通运输，提高通航能力，陆续投入巨额资金拓宽航道、
修筑护岸、浚深航槽、拆除或改建碍航桥梁。旧时跨航道的石
拱桥和石梁桥很多被拆除或重建成多功能、大跨度、大荷载的
现代桥。荻塘上原有 9 座跨航塘桥，最后只剩下清代重建的南
浔顿塘故道双桥。

　　湖州平原水网圩田系统，圩与圩之间，坍与坍之间，都有
天然河道或人工沟渠相隔，为解决往来交通问题，桥梁建设始
终是圩田水利工程的重要组成部分。湖州保存至今的宋代石桥
以中小型桥梁为主，皆分布在田畴村墅间。湖州圩田的兴修萌
芽于春秋战国时期，以后的发展趋势，是由局部低地的围垦向

建设平原水网、平原水网圩田发展。平原水网圩田系统形成于
唐中后期至五代间，"圩"是中国江淮低洼地区周围防水的堤，
水行于圩外，田成于圩内。以"圩"命名的村落，在吴兴、南浔、
德清相当普遍，带"圩"字的自然村落数以千计。宋代湖州，
尤其是北宋政和至南宋期间，大力向低洼的湖荡区域围垦，"浙
西围田相望，皆千百亩，陂塘溇渎，悉为田畴"，长兴西湖"今
皆成田"。嘉泰《吴兴志》载："今郡境东南乡分延袤百里，
田旧有围塍岸，岁修崇固，悉为上腴，亩直十金。"宋代湖州
的圩田形式多种多样，"圩""溇""桑基鱼塘""桑基圩田"
都非常具有地方特色。与此同时，湖州掀起了一波桥梁建设的
热潮。嘉泰《吴兴志》载，乌程"县境多水，凡村墅皆有桥，
出于近时创建，若此类者至众，既无考证，本不足书，若悉数之，
不止逾百"。

　　因为靠近武康石开采地，加之有水运的便利条件，现存武
康石宋桥的核心区域为东苕溪中游，从德清三合到南浔和孚，
南北长 40 公里、东西宽 20 公里的区域内，集中了 70% 以上的
湖州宋元武康石桥。这些武康宋桥分为三类：宁杭古道桥、山
谷漫水桥、桑基鱼塘联墩桥。三国时期开通的宁杭古道，从宁
镇高地翻越长兴西北部山脉进入湖州，往东南至长兴雉城，经
湖州一路向南直达杭州，与今天的国道、高速和高铁轨道并行。
古道沿着丘陵和平原交界行进，正如南宋方回《青山道中》写
的"插天天目隐云中，但见苕溪绿向东"，现与宁杭高速并行
的吴兴东林源洪桥，德清三合寿昌桥、三桥埠的上市桥等有可
能都是当年古道的组成部分，近处小桥流水，远处丘陵起伏，

疏淡迷蒙。

唐宋以后，官僚士大夫阶层兴起，求田问舍、购产置业，栽种花木以美化庭院居处，或在田产中别辟三五亩乃至十数亩小地种植花木，以为日常观览游憩之地。这种情况自北宋中期以后日见明显，至南宋，因得天时地利之厚，此风愈演愈盛。古代诗文对东苕溪的地理环境描绘非常传神，如"余不东抱源流远，天目南来地势雄"。余不溪是东苕溪的古称，逶迤北来，而西南诸峰皆源于天目，此句精准地写出了这一带山河际会的气势。依山傍水，风景旖旎，正是这种优越的地理位置，使得它成为两宋文人士大夫首选的居住地。在湖州，文人经营的居所中著名的有叶梦得之弁山"石林精舍"、葛胜仲之菁山"隐庵"、姜夔之计筹山"白石洞天"等。南宋和王杨存中受高宗、孝宗两朝宠眷，因葬父亲于德清三合禹山下，于是半隐宅家于此，因而此处称杨村，杨存中病故后受敕葬在这里，此处改称杨坟。这些官僚士大夫自身即是政治中人、"名教"中人、功名利禄中人，因而其山林之志、自然之趣，属于仕宦之余的精神畅想和心理调剂。南宋时期，这些连通东苕溪的幽静山谷，兴起了建宅、修庙、造桥、铺路的建造高峰，主要集中在三个区域：一是紧邻余杭的德清三合，二是德清城东的龙山、龙胜，三是吴兴南部的菁山。这三个地方有大量的武康石宋桥留存至今。

如今升玄观、资福寺遗址犹存，杨坟还能找到永安桥、禹桥、望仙桥、娘娘桥、仙桥、响水桥、升元观桥等多座宋代风格的武康石古桥。德清县三合乡（现已并入下渚湖街道）是武康石桥保存最多的乡镇之一，除了杨坟古桥群及被列为全国文物保护单位的寿昌桥、永安桥外，八字桥村的永利桥，塘泾的太平桥、资敬寺前桥，下渚湖的丁家桥都是宋元风格鲜明的武康石桥。沈约是吴兴武康沈氏最杰出的人物，与梁武帝萧衍、谢朓等并称"竟陵八友"。萧衍尚未显达时，常与沈约在文学创作上交流探讨，二人关系莫逆。德清县阜溪街道龙胜一带的萧公桥、谢公桥桥名就来自这段佳话，按其形制风格都是宋代古桥。两宋交替之际，葛胜仲父子、丁安常、周纲等四位名宿营宅于吴兴菁山之下，开启了山隐之风，吸引了当世诸多诗人前来，在此雅集赏梅、吟诗作画。南宋以后，菁山出了梵隆禅师、观公禅师、玉林妙琼等名僧。在文人隐居寓所和寺庙的建设过程中，也兴起了一波桥梁的建设热潮。嘉泰《吴兴志》记载："《旧编》增山源桥、游仙桥在菁山。"浙江省文物保护单位源洪桥、常照寺前永安桥等都是南宋的遗存。

　　葛胜仲退隐湖州后有两处居住地，他在《与胡学士书》中明确说："避地吴兴，依薄业以糊口，今四年矣。所居号宝溪，连甍一大聚落，日须租办。而十里有菁山隐庵，林谷奇胜，时以烟艇往来。"宝溪即今天菱湖下昂射中村，是湖州桑基鱼塘的核心区域，也是湖州宋桥相对集中的区域。桑基鱼塘农业经营模式的形成和发展与菱湖一带特殊的水土环境有着密切的联系。明万历《湖州府志》说："本府地方坐居下流，最为低洼……盖湖州水壑也，虽与杭嘉均属浙江，称为唇齿，然杭则上流也，嘉则杭之分流也，至于湖则两引天目诸山之水而独汇于太湖，譬如釜底也。"菱湖水网地带海拔在3米以下，是平原中地势最低的地区，也是受洪涝灾害最严重的地区。发源自天目山的

图2-2　永安桥（位于吴兴区东林镇菁山宋代常照寺前，湖州市文物保护点）

山溪水流出山区之后，坡度骤减，东苕溪故道蜿蜒迂回穿行于这片低平原之中，南宋杨万里的《过雪川大溪》对此有非常经典的描述："菰蒲际天青无边，只堪莲荡不堪田。中有一溪元不远，折作三百六十湾。政如绿锦地衣上，玉龙盘屈于其间。前船未转后船隔，前湾望得到不得。及至前湾到得时，只与后湾才咫尺。朝来已度数百萦，问知德清犹半程。老夫乍喜棹夫闷，管有到时君莫问。"这条雪川大溪被当地人称为龙溪港。

东苕溪中下游"地多湫泊"又水流复杂，是典型的湖沼湿地地貌。菱湖及周边地区的水域面积广阔，农家擅鱼菱之利，吴玉树的《宝前两溪志略》里说："宝前两溪间水深溪曲，池荡凑密，土人不独田禾为重，而以鱼、蚕为业，故产诸鱼，倍胜他处。"桑基鱼塘的中心区域就位于菱湖到和孚漾的凌波塘故道两岸,即使到今天,依然到处是由蜂窝状的鱼塘斑块和桑基系统构成的壮观肌理。当地人把四面为水环绕的高地称作墩,居墩滨水是水村的普遍形态,村落选址都择那些水路交通方便、地势较高的土墩。菱湖的众水之间天然淤积的土墩原本就很多,导流堤防工程又常常采取沿塘筑墩的河工手段,因此,大量的高墩是在改造湿地环境、开塘浚河中堆垒出来的。这一带以"墩"命名的自然村落相当多,这些"孤墩"上的村庄和市镇,往往通过治桥梁联墩的方式与周围的定居点联合成大的块状聚落。"治桥梁"就成为头等公共事业。桑基鱼塘农业区是环太湖流域桥梁密度最大的区域,据第三次全国文物普查的统计,保存完好的古石桥多达 200 多座。

荻港雅称荻溪,因河港如织、水中芦苇丛生而得名。历史上曾名荻冈、荻堽,意为开满荻花的高土墩。古代荻港分为上下堡,也是联墩而成的大型聚落,下堡即今之荻港村。荻港东有笔直的人工塘河凌波塘,西为蜿蜒的龙溪故道,村庄夹于两者之间,或可以说明村落的形成缘于凌波塘的开凿。4 条东西向、2 条南北向,共计 6 条主要河港将荻港下堡分割为 7 个岛墩,核心村 4 个墩,外围村 3 个墩,都以桥梁联结。清同治《湖州府志》记载的荻港(冈)古桥多达 33 座(一桥已圮),完整保存至今的有 18 座。荻港庙前桥南北两侧武康石桥栏镌刻有减地浮雕花卉、蔓草纹饰。武康石排柱墩保存完整,中孔南向武康石排柱上镌刻有"岜大岁戊寅嘉定(1218)六月","岜"是"时"的异体字,是宋元古桥纪年题刻常用的前缀字。武康石横帽石

图2-3 荻港雪后桑基鱼塘美如画（杨晓霞摄）

梁端面减地浮雕花卉纹饰具有典型的宋元风格，雕刻的吞水兽造型夸张古朴，比较少见。

东苕溪从德清穿境而过，洛舍漾为东苕溪水系形成的湖泊。洛舍村落和集市与漾同名，位于漾南，中心区域为一个大墩，四周围绕着一圈略小的土墩，呈拱卫状。富新桥为单孔石梁桥，该桥在已圮的净信寺前，当地人都称其为寺前桥。此桥用材以武康石为主，桥面微微起拱，栏板呈须弥座式，望柱为莲花形，这些构件的风格都具有鲜明的宋元风格。绕着洛舍漾是一圈的墩村，如东林东南村的杨家墩、俞家墩、梅家墩等都是通过治桥梁联墩而成。洛舍漾东的益村自然村，南过红花桥连通洛舍集市，北过五孔武康石妙济桥连通锦山乡的后骧。益村有一条南北向的村河，河上东西向横跨两座"福"字石桥，北为三孔石梁桥永福桥，整桥武康石材质。杨家墩自然村位于洛舍漾的东北角，杨家墩自然村与前骧自然村之间的港汊上有两座石桥，庙门寺桥是东林唯一的石拱桥，有武康石须弥座桥栏。

洛舍漾往东北不到 3 公里就是商林漾。商林漾西与马林漾之间有后塘连通，河运便利。后塘连通桥武康石材质，全桥呈大弧形，排柱上镌莲叶荷花字堂、横帽石梁端面呈圆弧形鳌头状等，具有鲜明的宋元特征。南商林村落和集市与漾同名，位于商林漾东。南商林中心区域为一个东西长 500 米、南北宽 300 米的大土墩。《归安县志》载："南商林市，在县东南六十里，地居商林之南故名。分东西村，市廛数十家。"东西两个自然村通过架设桥梁，分别联结南侧的两个土墩，形成了南北沿河而居的形态，越过南侧两个土墩的是另一个大漾——青鱼潭。西村的桥名为太平桥，是武康石单孔石梁桥，嘉庆重修，据形制判断至少始建于明代以前。中心墩北侧一个众水环绕的小墩上建有梧桐禅寺，寺前有单孔石拱桥——长寿桥连通中心墩，整桥以武康石为主，呈典型的宋元桥风格。

南商林向西北经射中抵下昂，下昂北有后庄漾，后庄漾形状狭长，极具特色，南北长达 5 公里，东西最宽处也不足 500 米，基本纵贯了下昂西部的所有自然村。周围和它贯通的还有许墓漾、方溪漾、牛棚漾等大小不一的漾荡。后庄漾四周南为下昂，西有许墓，东有朱家坝等历史悠久的古村落。下昂是由听月桥、望晖桥、清风桥、宜稼桥、众安桥、里兴桥等众多古桥联墩形

图2-4　长寿桥（位于南浔区菱湖镇南商林村梧桐禅寺前）

成的市集村落，这些古桥都带着宋元的痕迹和风格。许联村在宋元一度设有急递铺，《职方典·湖州府驿递考》载："许墓铺，在（乌程）县南六都铺司一名，铺兵五名。"中心村水东村中永安桥、通明桥和翟公桥均为武康石材质的三孔石梁桥，宋元风格鲜明。

　　下昂的射中村是本区域历史最悠久的村落之一，也是湖州佛教的发祥地之一。射中村古称射村，宝溪像一条素练，由西向东地从村中流过，将东射村和西射村紧紧地连在一起，嘉泰《吴兴志》载："宝溪，在县东南四十五里，即射村也，太守葛胜仲卜居。"宋时射村曾设置湖秀巡检司，南宋很多名家大族乡居于此。历史上，射中村有过著名的"十桥十庙"。永兴桥位于原鹿苑寺前，俗称寺前桥，是完整的武康石桥。东射宝蓄桥跨宝溪因而得名，始建于宋宣和四年（1122），在淳祐六年（1246）改建为武康石桥，桥上淳祐纪年武康石排柱依旧保存完好。宋代，射中村人利用清澈的宝溪水酿酒，村子成为有名的"酒乡"。西射村长寿桥桥塊的长寿坊是当时归安县七大酒坊之一。长寿桥因为有一大一小两座子桥构成八字形而被人们赋予了"八字桥"的别名。

发展至宋代，湖州平原地区的河网分化非常明显，四面运河的封闭使水流保持相对平衡，圩田的发展使水域被分为若干小块。随着河网增多，圩田进一步变小，桑基农田大量出现。低地湿地平原蚕桑生产模式是桑基鱼塘，而湖州东南部的高平原又是另一番景象。该地区因年复一年挑土栽桑培桑，对土地施行了人为切割，因而形成了嘉湖平原中部特有的大平小不平的桑基圩田人工地貌。沿河沿线的乡镇武康石宋桥也不少。除了全国文物保护单位雷甸的青云桥、新安的万善桥外，雷甸的增福桥、绵盛桥，新安的康福桥，禹越的步高桥，其整体造型、雕饰风格都是典型宋元风格。"关岳先贤聚一堂，环桥密接登云梁。临江街市人沽醉，鱼米蚕丝富裕乡"，这是古人笔下的白彪村。位于德清县新市镇西北的白彪村最早形成于宋时，是典型的江南水乡古村落，也保留了许多武康石古桥梁。长发桥

图2-5　长寿桥（位于南浔区菱湖镇射中村，湖州市文物保护单位）

刻有海水瑞兽纹，永宁桥、得道桥刻有荷叶莲花字堂，尤其是安富桥，它是整桥为武康石材质的弧形石梁桥，双钩阴刻桥额"安富"，且不带"桥"字，与寿昌桥、源洪桥建法一致。

南浔区东部的双林、练市、善琏也属于桑基圩田区。双林西阳村里塔永安桥是一座单孔的武康石梁桥，南堍金刚墙排柱镌刻有"皆至大三年（1310）岁次庚戌五月二十一日重新建造，谨题"。练市花林村徐洪南楼下桥为三孔石梁桥，桥面已改，但武康石桥柱仍在，上有十分精美的莲花字堂。练市的高王庙桥上有武康石莲花字堂，雕花梁头，素面券睑，保留着自建桥以来的所有修桥信息。莲花字堂上有"大元皇庆二年（1313），岁在癸丑"的纪年。善琏镇窑里村有前兴桥，其三根武康石立柱并列竖置桥墩保存完整，排柱立面有多处精美的莲叶荷花字堂。中孔南侧荷叶莲花字堂中镌刻信士捐助建桥的信息，据此分析推断，该桥始建于南宋嘉泰二年（1202）。练市车塔村车塔西亭子桥桥墩由三根武康石立柱并列竖置而成，排柱立面有多处精美的莲叶荷花字堂。桥面纵梁呈下平上弧形态，石面镌刻横向梐阶。

"坅"为湖州地方用字，沿用已久。"坅"在东部平原读

图2-6　安富桥（位于德清县新市镇白彪村，德清县文物保护单位）

音为"dōu",通"兜","圵浜"与"兜浜"通用。"圵"在西苕溪中下游读音为"dǒu",指"圵区",是低山丘陵下沿河谷平原"圩岸围之如斗之状"的农业生产生活区域的总称。圵（dǒu）是一种形态特殊的圩田,明顾应祥编纂的《长兴县志》载:"吾邑之田,凡在污下及当水之冲者,必有圩岸围之如斗之状,其名曰'圵'。"圵主要分布在西苕溪流域的长泗平原,从安吉安城到湖州城西。湖州地势呈西南高东北低,天目山脉向太湖边伸出南北两支余脉,呈西南—东北走向,断续合围成一块海拔略高于湖滨的冲积平原,西苕溪和泗安溪横贯东西,在山麓、丘陵、岗地下沿分布着众多的圵区,习惯称之为平原圵区。平原圵区其南、西、北、东四方几乎都有山脉相连,只有东北和东南两个低洼缺口连通东部滨湖平原。地表多筑圵堤,人工河道纵横。圵堤是圵区防洪重要水利设施之一,堤防筑在农田和村庄四周,比东部的"圩"筑得高,形如量米的斗,故称为"圵"。

湖州古代先民开发利用平原首先是从圵区开始的,圵区建设始于春秋末期对太湖西南岸的堤塘建设。浙江省有文字记载的早期水利工程均位于长兴平原圵区,就是吴越时期的胥塘、蠡塘和西湖,之后又陆续兴建了孙塘、方塘、官塘、荆塘等水利工程。平原圵区早期开发重在筑堤开塘泄洪和凿湖蓄水灌溉,夫概开凿的西湖雨季分洪蓄洪,旱季灌溉良田,使得该区域成为湖州秦、汉、六朝村落的先发地之一。后期圵并圵、圵连圵的高圵围田,从开塘凿湖到高筑圵堤,有一个漫长的发展过程。唐安史之乱后,大量人口南迁,开垦新耕地、拓展新聚落的需求激增。唐贞元年间（785—805）刺史于頔复浚西湖没多久，就不断有湖民耕湖为田，因此，元和（806—820）刺史范传正"令县令权逢吉去塘内田及决堰以复古迹"，这说明中唐以后与水争地、围湖造田的行动已经在湖州地区拉开序幕。

宋室南迁，南方人口压力陡增，以长兴县为例，北宋大中祥符年间（1008—1016），全县有104292人，至南宋嘉定年间（1208—1224）猛增为273000人。南宋时期，太湖流域的围滩、围湖达到历史高峰，西苕溪中下游的长兴西湖和安吉杨子湖、五湖等都在筑堤围垦的过程中慢慢消失了。我们在长兴圩区平原的古桥上发现了大量的武康石构件，这说明其历史均可上溯至南宋时期。长兴圩区现存最古老的桥梁均为武康石桥，其中吕山圩门村的石佛桥排柱上有南宋嘉定十二年（1219）纪年题刻，原包桥乡北杨村的三登桥排柱上有嘉定十六年（1223）纪年题刻，此外还有渎南桥、圣堂桥等10多座宋元特征鲜明的武康石桥。

高圩挡外港洪水，圩内池塘、濠港、深潭星罗棋布，内外水系通过"圩门"相联通。圩门是古时一条圩堤的命门，两边用嵌有缝隙的条石砌成，上方架有石梁，形似单孔石桥，平常雨季可使田中积水排到外港，每逢旱涝即用木板插入圩门，旱时用人力水车从外港河中翻水入田，涝时则相当于河闸，防止外河灌水漫田，圩门桥是湖州沿袭千年的古老桥型。《太平寰宇记》记载，长兴"西湖，在县西南五里，塘高一丈五尺，周回七十里"。明《一统志》云："西湖在长兴县西南五里，一名吴越湖，旧记吴王筑吴城，辇土于此，遂成湖，溉田至三千顷，后埋废。"据记载，西湖周围70里，有水门24所。所谓水门，就是坝门、水闸等古代综合排灌设施，往往同时也是交通桥梁。长兴、安吉坝区多坝门，形制基本为上方架有石梁的单孔石桥，故自古就有坝门桥、闸桥等称谓。明弘治《湖州府志》记载湖城城西霅水乡有斗门桥，崇祯《乌程县志》记载乌程县第四区有坝门桥，应为同一座桥。坝门桥位于原杨家庄对岸的西风漾口。西塞山下的樊漾湖口也有一座坝门桥，其位于今元通观西首，因为跟另一座坝门桥处在一条古道上，因此被称为西坝门桥。它是一座武康石坝门桥，极有可能是南宋始建的旧构。此桥往西不远的元通桥，整桥为武康石材质，桥面由两根武康石纵梁并铺而成，纵梁由两边向中间逐渐增厚，呈下平上弧形态，微拱，但纵梁外侧无出檐，中孔纵梁侧面中间双钩阴刻桥额"元通桥"，

图2-7　元通桥，桥闸合一的坝门桥（位于南太湖新区戚家村）

是典型的宋风梁桥，也是一座圩门并排合一的古桥。长兴县吕山乡圩门村因村中有一座武康石大圩门而得名，现圩门保存基本完整，亦是圩门与平桥合一的形制，闸门立柱和横梁为武康石，圩门顶部四根花岗岩石梁并铺，成为村中的交通桥梁。

　　西苕溪安城以下河道，自西南向东北曲行，泗安塘自西向东偏南曲行，于弁南塘口通济桥处汇入西苕溪。在西苕溪与泗安塘之间有南北向的河道沟通，从小溪口向西北流为畎桥港，从新桥向西北流为蠡塘港，从陈桥向北流为孙渎港，从胥仓桥向东北流为胥仓港，其间河网纵横，形成了平原圩区核心区域的框架。畎桥港又称泥桥港，既是西苕溪分流至泗安塘的第一条支流，也是安吉与长兴圩区的界河，河港向西北方向蜿蜒曲行，几字形大湾不下 10 处，两岸圩堤高筑，横跨桥梁众多。大伦桥位于小溪口村大伦桥自然村西，为三孔石梁桥，桥额镌刻有"重建大伦桥，道光七年（1827）"，桥梁保留了不少武康石构件，桥墩板柱立面雕有莲花字堂，这也印证了重建之实。畎桥港从同界桥至北塘头永安桥绕了一个 M 形湾后向西北直抵著名的畎桥，畎桥是一座始建于宋元的七孔石梁桥，河港因它而得名。畎桥港在周渎与泗安塘交汇，周渎就是嘉泰《吴兴志》记载的泗安塘所设 5 座邮铺之一的周渎铺所在地，北宋大将曹彬迁居至此，因此其家族被称为"周渎曹氏"。蠡塘港和孙渎港亦是沟通西苕溪与泗安塘的重要支流，并流后在虹星桥西与泗安溪交汇。以虹星桥为中心，双港流经的区域是长兴平原圩区的核心区域。虹星桥是泗安塘浙皖古道上的一个重要埠头，因桥得名，其始建于宋代。《永乐大典·湖州府》记载："红（虹）星桥在县南二十五里，旧废于兵，洪武六年（1373）重建。"长兴县虹星桥镇厚全村的兴福桥，俗称狮子桥，拱券、桥面均呈弧形，桥身饰有卷云纹、方胜纹、乳丁纹、幻方线刻等，都是典型的宋桥特征。

吕山历史悠久，相传 2500 多年前春秋吴越对峙时，吴国伍子胥曾在此设军库粮仓，故名胥仓。胥仓港旧名胥塘，旧时亦称沧溪，连通泗安塘和西苕溪，据《山墟名》记载，其由伍子胥开凿，是浙江省境内最早的运河。吕山南麓的金村出土过东汉的墓葬，墓葬位于农田之中，这也间接说明了平原坽区的开发程度。唐宋时期盛产蚕桑，北宋以前长兴蚕丝产量一直居湖州府六邑之首。石佛桥是门前坽往北连通原观音桥乡六合坽的交通桥梁。现桥虽重建于清同治年间（1862—1875），但桥墩上仍有南宋嘉定十二年（1219）纪年题刻，是长兴县有明确纪年的现存古桥中最早的一座。渎南桥，位于坽门村渎南自然村西南的外港之上，桥东是门前坽，桥西是虹星桥镇观音桥村所在的西元坽，东西走向横跨两坽之间的河流。武康石梁全部为长弧形带折沿睑边，两端有清晰的宋元特征的勾云纹，两条横穿的横帽石梁则雕凿成鳌头状，且带有木梁槽孔，呈现出特色鲜明的宋元风格。东洋村中原有的油车桥为武康石材质，形制与渎南桥相仿。长兴南部李家巷、吕山一带历来多富民望族。李家巷的石泉村，别名宅前村，系吕山望族"石泉吴氏"的发源地。石泉村位于弁山西麓、吕山之阴，紧枕茶磨山，面临青山，背倚青山，因茶磨山石缝中多泉水，故名石泉村。溪涧上永丰桥和庆元桥东西遥相呼应，村民形象地称其为鸳鸯桥。永丰桥

图2-8 兴福桥，太湖石方胜纹雕刻（位于长兴县虹星桥镇厚全村）

图2-9 兴福桥，太湖石乳丁纹雕刻（位于长兴县虹星桥镇厚全村）

图2-10　渎南桥（位于长兴县吕山乡圳门村）

为单孔石拱桥，拱券采用古老的分节并列砌置法，拱券石包含部分武康石，这说明始建年代有可能更早。村中另一座石桥以庆元为名也能说明问题，庆元（1195—1201）是南宋皇帝宋宁宗的年号，也是该桥的始建年代。庆元桥是一座弧形武康石桥面的单孔石梁桥。

　　湖州濒临太湖，拥有64公里长的湖岸线，分属吴兴和长兴，至宋代，太湖沿岸形成了七十三溇港的格局。大钱地处太湖溇港交汇处，号称"溇港龙头"，古以大钱港为界有"东迤称溇，西迤为港"的说法。太湖溇港向为古代湖州水利建设的重点，开挖、疏浚、筑堤、架桥、建闸等系列工程，从五代吴越国时期开始，历经宋、元、明、清，一直延续到20世纪。弁山碧岩"清空世界"与"寒泉"两处石刻，据说为北宋苏东坡在湖州时留下的真迹。碧岩寺原名碧岩精舍，始建于南宋淳祐年间（1241—1252），声名远播。碧岩村的涧湾自然村西入口处，有三孔石梁桥南北向跨流向村里的溪涧，文物部门将其登记为"涧湾桥"。该桥材质主体为武康石，桥面呈长弧形，武康石梁带睑边且边端雕有卷云纹，中孔石梁侧面所题桥额"积善桥"三字为阴刻，具备明显的宋元风格。在涧湾村通往弁山碧岩的古道之上，还有一座俗称"眺高桥"的单孔武康石桥，风格与积善桥相似，但体量较大，保护状况也更好，应为同时代所建。花石桥坐落于图影村李家荡自然村，重建于清代，主体为花岗岩单孔石梁桥，但桥面东侧呈弧形、带睑边且有卷云纹的武康石石梁，当为宋元时期初建时的石材。花石桥大概因石梁侧面两端刻有精美的卷云纹而得名，桥畔有一座初创于宋代的觉成禅寺，亦可验证此桥的历史。重建于清代光绪丙午年（1906）的宝庆桥位于横山桥村东仁自然村，为两墩三孔石梁桥，虽不是武康石桥，但始建于南宋当无疑义，宋代有以皇帝年号命名桥梁的习惯，而宝庆（1225—1227）正是宋理宗年号。

　　唐代，太湖东部吴淞江成为排水主干，太湖水流沿着湖泊自西南向东流，搬运的泥沙在南岸形成一条吞吐流沉积带，从而塑造出一块弧状的滨湖高地，高地的土壤母质经 ^{14}C 鉴定，形成时间约为 1165（±236）年。吴越出于军事上的需要在新淤涨出的湖滨沿线开挖溇港，加速了太湖南岸纵溇横塘水利格局的定型，奠定了"苏湖熟，天下足"的基础。那些位于溇旁村落中的寺院都建于唐末五代，绝大多数是吴越钱氏主政时所建。

正是从那时候开始，滨湖高地"湖上"成为宜居之地。大钱港以东，沿着太湖南岸的弧形高地，平均840米即有一溇，以溇命名的村庄一个接一个地连成一线，村与村之间几乎无空隙，溇港高地是整个湖州村落最为稠密的区域。成规模的村落群与湖岸线几乎平行，也呈现弧形的带状分布。一条塘路自东向西跨过一条条溇港，穿过一个个村落，所有溇港上东西向的拱桥都曾经是塘路的一部分，塘路一直延伸到大钱港边。横塘纵溇，北塘河以北是滨湖二十七溇区，横跨溇港和横塘的桥梁星罗棋布，保存至今的超过50座，其中石拱桥就有14座。北塘河上有张官桥、太平桥（百廿亩桥）两座三孔石拱桥，各溇上单孔石拱桥共计12座，包括胡溇的广福桥、述中桥，宋溇的安庆桥，蒋溇的安乐桥，陈溇的塘桥，义皋的尚义桥、常胜塘桥，谢溇的常裕桥，杨溇的永济塘桥，大溇的永隆桥、大溇桥、诸溇桥，它们的建造年代有南宋、元、明、清、民国，活脱脱一部800年古桥史，最早的可追溯到南宋绍熙二年（1191）湖州知州事王回修溇港之时。溇港是一个由溇港、塘桥、湖闸构成的一个复合系统，太湖溇港向为古代湖州水利建设的重点，开挖、疏浚、筑堤、架桥、建闸等系列工程，历代不绝。

嘉泰《吴兴志》载："旧沿湖之堤多为溇，溇有斗门制以巨木甚固……旧闸有刻元丰年号者，则知其来远矣。""绍熙二年（1191）知州事王回修之，又改二十七溇名……皆冠以常字……桥闸覆柱皆易以石。"南宋绍熙年间，桥闸易木为武康石，溇名冠以"常"字，在如今的滨湖溇港还有迹可循。横跨沈溇有三孔石梁桥——常熟桥，横跨谢溇有单孔石拱桥——常裕桥，

图2-11　大溇桥（位于吴兴区高新区大溇村，湖州市文物保护单位）

图2-12　广福桥，江浙界桥，元至正十四年（1354）乌程、吴江两县联合重建
（位于吴兴区织里镇胡溇村）

两桥虽经重修重建，但其上还存有不少武康石构件。横跨大溇有两座武康石单孔石拱桥——大溇桥和永隆桥，均为分节并列砌置的圆弧拱桥，是典型的宋元风格。此外，还有两座使用武康石与太湖石两种石材建造的石拱桥。元皇庆二年（1313）季冬鼎建的诸溇桥，始建于元至正十四年（1354）的广福桥，整桥弧形造型、雕饰风格等在细微的变迁中依旧延续着宋风宋韵。

德清武康紫石：江南古桥易木为石的不二选择

　　湖州是环太湖地区已知最早的人类聚居地之一，逐水而聚一直是聚落选址和分布的基本特征。天目山是长三角降雨量最丰富的区域，形成了太湖主要水源地东西苕溪水系，其支流密布，纵横交错，形成密集的水网。湖州众多大小村落星罗棋布，或沿山溪，依山傍涧，或沿河分布，人家尽枕河，这样的聚落选址方式在湖州已经延续了数千年。出于排水、灌溉以及安全的需要，聚落在具体布局上十分巧妙地运用水流和水系，既有人工的环壕和沟渠，也依靠天然的河流。历史上，西部聚落遗址多环壕，环壕分割村落的居住区、墓葬区和作业区，许多环壕外侧为相对低洼的农田。东部聚落遗址多河流环绕，大型聚落遗址不仅四周环水，而且内部也有水系贯通，很多是人工开挖的沟渠和圩浜。无水不成桥，无桥不成路，这就需要在这些史前环壕和河流之上架桥来解决劳作出入、交通往来的问题。

　　新石器时代的湖州，建造木构桥梁已经有了相应技术的支撑，传统建筑中的木梁柱榫卯结构起源于新石器时代的马家浜文化时期，距今已有 6000 多年的历史，这得到湖州诸多考古发现的佐证。在邱城马家浜文化遗址中，考古发现了较大的建筑遗迹，其居住面是由砂粒、蛤蜊壳、螺蛳壳和上黏土夯成的，其上有两行并排的柱洞，每行四眼，洞内残存有木柱，柱底还垫了一块叫"锧"的木板。在南浔千金塔地遗址中，考古发现了良渚时期的房屋基址，柱洞保存相对完好，东、西两面的墙体各为双排柱形式，北面墙体为单排柱，在西北角墙体外有由7个小柱洞形成的封闭式近圆形附属建筑。更让人惊喜的是，长兴林城江家山遗址出土了榫卯结构的木构件，属于马家浜文化干栏式建筑的遗存。在吴兴八里店钱山漾遗址中，更是发现了干栏建筑的遗存。在1958年对钱山漾遗址的考古中，在甲乙两个区域均发现了排列整齐的很多木桩及正中的一根长木。正中的长木经过分析被认为是干栏建筑的底架横梁，木桩范围内没有明显的居住用硬土层，可以推断这种临水建筑是在水岸边采用木柱凌空架阁的方式建造的，它在湖州地区叫作水阁楼。这些考古发现充分证明，木梁柱榫卯技术已经为湖州先民所熟练掌握，架设独木骈木之桥以供出入当不是难事。

木构桥梁在环太湖地区沿用了数千年，一直发展到唐代，桥梁仍以木结构为主。古代的木桥两侧往往装有木勾栏，髹以红漆，因此被称作红栏，亦唤作"朱桥""画桥"。卢纶"晓月朦朦映水关，水边因到历阳山。千艘财货朱桥下，一曲间阎青荻间"，赞叹的是跨越大河的恢宏；白居易"绿浪东西南北水，红栏三百九十桥"，形容的是小桥流水的唯美；柳永"烟柳画桥，风帘翠幕，参差十万人家"，描绘的是钱塘人家的繁华。欧阳修有"湖上朱桥响画轮，溶溶春水浸春云"，苏轼的《短桥》更精彩："谁能铺白簟，永日卧朱桥。树影栏边转，波光

图2-13　马家浜文化时期的榫卯结构木构件（长兴县林城镇江家山遗址出土）

图2-14　商代高台建筑基址外围的沟槽底部榫卯结构垫木遗存（吴兴区八里店镇昆山遗址出土）

图2-15　〔隋〕展子虔《游春图》中的红栏画桥

版底摇。"一直到陆游，还有"清镜新磨临绿浦，长虹横绝度朱桥""柳拂朱桥湖水生，园林处处听新莺"等诗句传世。"红栏""朱桥""画桥"作为诗词意象频频出现于宋人笔下，说明木构桥梁一直到宋代还在广泛使用。我们从存世的宋代绘画作品中也可进行清晰的追溯。"外师造化"的宋代山水画强调师法自然，多数是写实的风格，追求"应物象形"。研究发现，凡明确断为北宋及以前的绘画作品，其所绘制的桥梁均为木构，一直到南宋四家的笔下才开始出现小石桥。

　　"前石桥后石桥，见唐人碑记"，这是湖州最早有记载的石桥，唐太和六年（832）居德本寺后桥的徐导"以德本寺多垫溺，遂自前石桥至后石桥以石为路"。在晚唐的湖州，石桥绝对是时新之物，因而干脆直接以前石桥、后石桥命名之，发展至宋代，前后石桥已成为湖州城厢的著名地标之一。滨湖大钱港以东的二十七溇大多以"姓氏＋溇"来命名，但有一个溇很特别，唤

作石桥溇，曾经的滨湖，横塘纵溇，石桥密布，为何唯独此溇
以石桥命名？石桥溇的记载最早见于嘉泰《吴兴志》，其命名
在更早的北宋，甚至是吴越国开凿溇港之时。环太湖地区一直
到北宋晚期才开始易木以石，进入"石桥时代"。元丰七年（1084）
成书的《吴郡图经续记》载："吴郡昔多桥梁，自白乐天诗尝
云'红栏三百九十桥'矣，其名已载《图经》。逮今增建者益多，
皆叠石甃甍，工奇致密，不复用红栏矣。"但苏州最宏伟的吴
江利往桥，也就是垂虹桥，庆历八年（1048）建造时用木万计，
一直到元代才改为石桥。

　　始建于唐代的湖城三巨桥骆驼、仪凤、甘棠最初均为木构，
故形容其为"画栋采阑""华焕相望"。甘棠桥于政和年间（1111—
1118）被知州事章援重建为木桥，建炎末（1130）率先易木为石；

图2-16　〔宋〕王希孟《千里江山图》中的木质长桥（原型为吴江垂虹桥）

仪凤桥于绍熙三年（1192）因居民遗火延燎重建，骆驼桥于庆元六年（1200）火燔后重建，相继改为石构。北宋时，"沿湖之堤多为溇，溇有斗门制以巨木甚固"，绍熙二年（1191）湖州知州事王回修二十七溇，桥闸覆柱皆易以石。定安桥在乌程县南门外，绍兴十年（1140）重建还是木构，一直到淳熙八年（1181）才"甃以石"。德清武康千秋桥，三国东吴黄武元年（222）始建，是湖州见诸记载最早的古桥之一，"建炎初（1127）兵火焚毁，重建覆之以屋"；武康的通津桥，俗称县桥，宋淳熙七年（1180）重建，"屋宇栏槛雄丽"。根据描述，我们大致可推断两桥还是木构。明正德《新市镇志》载："罗木桥，旧传桁皆罗木，故名。"这是一则关于罗木桥的记载，明代已是"旧传"，这座桥的年代之久可想而知。罗木是一种名贵的硬质木料，以此木建桥，留存得较久，因而被人记载，其他同时期的许多木桥，因为早就湮灭，不为人知。长兴县夹浦镇丁新村有鼎嘉桥，为县级文物保护单位。故老相传，唐陆龟蒙曾隐居横玉山，在光竹涧上始建木桥。明朝初年，臧仲和"寻故址鼎新之，易土以砖，易木而石，赫然嘉美，因名鼎嘉桥"。

环太湖地区在宋代开始快速进入"石桥时代"，有其技术背景和经济原因。明蔡献臣总结修筑石桥之不易："大都石之圮也，石之长者易以折，近人者易以偷，卧沙者易以沉。故修桥之费，惟石最巨。"石桥的修建比木桥费时、费力、费材，而且古代建造桥梁所需的石材全靠手工开采、切割和加工，铁器时代的来临，才使加工大型石料成为可能。古代的冶金技术发展到北宋日臻成熟，唐末至宋元丰年间（1078—1085）中国

铁产量人均增长了 6 倍，宋神宗在位（1067—1085）时，宋朝
生铁产量甚至达到了 18 世纪初英国的水平。宋朝冶铁技术明显
提高，导致铁器市场价格明显下降。铁器的广泛使用极大地促
进了石料开采，促进了石材在各方面的应用，石塘、石桥、石
埠头等开始在江南大量出现。长兴县小浦镇中山村南庄自然村
的朱藤桥排柱有北宋的纪年题刻"熙宁四年（1071）岁在辛亥
三月十五日"，这是湖州现存最早的宋代石桥建造纪年题刻，
熙宁正是宋神宗的年号。宋室南渡，给湖州创造了千载难逢的
发展机遇。南宋的湖州近都城临安，属京畿之地。于是，王公
贵胄和离任高官纷纷入住湖州，大兴土木，一时间湖州云集了
来自各地的顶级建筑工匠。童寯的《江南园林志》认为："南
宋以来，园林之盛，首推四州。即湖、杭、苏、扬也，而湖州、
杭州为尤。""宋时江南园林，萃于吴兴。"该时期也是湖州
石桥建筑的一个高峰。

　　环太湖地区保存有大量明确宋代纪年信息的武康石桥，尤
以湖州地区为多，总计超过 30 座，目前保留下来的古桥主要分
为石拱桥和石梁桥。其中，有明确纪年信息的武康石石拱桥 4 座，
分别是：北宋治平年间（1064—1067）的德清县乾元镇清河桥、
北宋元丰七年（1084）的安吉县递铺街道李王桥、南宋咸淳年
间（1265—1274）的德清县下渚湖街道寿昌桥、南宋咸淳五年
（1269）的吴兴区东林镇源洪桥。有明确纪年信息的武康石石
梁桥 18 座，分别是：北宋熙宁四年（1071）的长兴县小浦镇朱
藤桥、南宋绍兴二十七年（1157）的德清县阜溪街道喉咙桥、
绍兴庚辰（1160）的德清县舞阳街道万安桥、乾道二年（1166）

的德清县舞阳街道乾道桥、乾道三年（1167）的南浔区和孚镇安丰桥、乾道八年（1172）的德清县阜溪街道兼济桥、淳熙十四年（1187）的南浔区和孚镇永安桥、绍熙二年（1191）的德清县阜溪街道追远桥、绍熙三年（1192）的吴兴区龙泉街道忠兴桥、开禧乙丑（1205）的德清武康街道上邻桥、嘉定十一年（1218）的南浔区和孚镇庙前桥、嘉定十二年（1219）的长兴县吕山石佛桥、嘉定十六年（1223）的长兴县画溪街道三登桥、宝庆二年（1226）的德清县武康街道僧家桥、嘉熙丁酉（1237）的德清县阜溪街道上市桥、淳祐甲辰（1244）的吴兴区东林镇宁远桥、淳祐六年（1246）的南浔区菱湖镇宝蓄桥、淳祐壬子（1252）的德清县武康街道丁青桥。以宋代年号命名的武康石

图2-17　兼济桥（位于德清县阜溪街道龙胜村，全国文物保护单位）

桥 7 座，涉及 5 个年号，除了上述的乾道桥外，还有长兴县李
家巷镇庆元桥、南浔区和孚镇庆元桥、长兴县和平镇嘉泰桥、
吴兴区织里镇开禧桥、南浔区和孚镇开禧桥、吴兴区妙西镇嘉
定桥。庆元（1195—1200）、嘉泰（1201—1204）、开禧（1205—
1207）、嘉定（1208—1224）都是宋宁宗的年号，这也充分说
明南宋宁宗一朝是湖州古桥易木为石的高峰时期。

　　此外，根据武康石荷叶莲花字堂铭文，可明确推断为宋桥
的有 4 座，分别是：南浔区石淙镇通济桥、南浔区善琏镇前兴桥、
长兴县林城镇畎桥、南浔区菱湖镇长寿桥。字堂风化而无法辨
识信息的宋元风格武康石石拱桥、石梁桥就更多了，如全国文
物保护单位德清蠡山普济桥、雷甸青云桥、新安万善桥，浙江
省文物保护单位吴兴东林妙济桥，长兴县文物保护单位长兴水
口唐翁桥、吕山圣堂桥等。还有一批年代接近的元代纪年武康
石桥，如元元贞三年（1297）的南浔区和孚镇青龙桥、至大三
年（1310）的南浔区双林镇永安桥、皇庆二年（1313）的南浔
区练市镇高王庙桥、延祐乙卯（1315）的吴兴区东林镇迎福桥、
至元四年（1338）的南浔区双林镇萤贵桥等。湖州市域范围内，
建造技术与风格一致的宋元武康石桥总数在 100 座以上，是目
前国内规模最大、数量最多的宋元古桥群。

　　德清武康石是江南宋桥的不二选择，杭州、嘉兴、苏州及
上海地区保存至今有明确纪年信息的宋代石桥所用石材均为武
康石。位于苏州市吴中区车坊的大觉寺桥，始建于北宋庆历七
年（1047），是苏州现存最早的武康石石桥，桥为单孔石梁桥，
桥面纵梁为略呈拱势的武康长石条，沿口石侧面雕饰精美图案，

图2-18　庆元桥（位于南浔区和孚镇横港村，南宋年号桥）

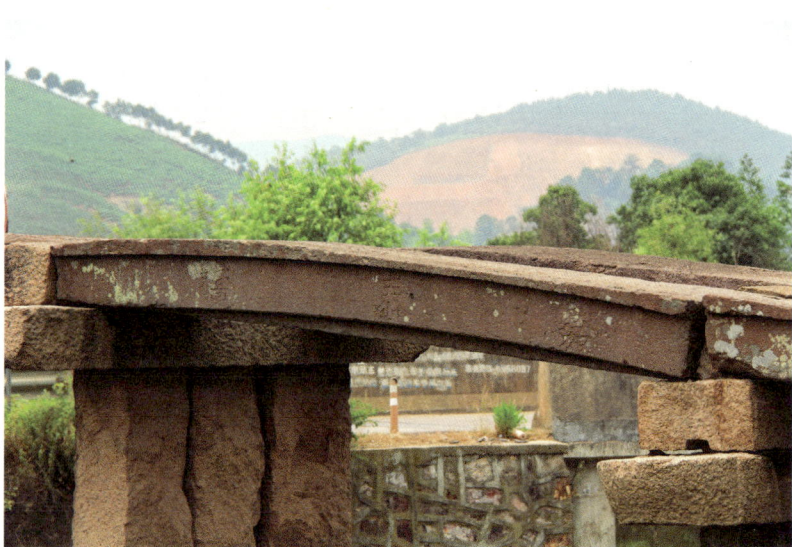

图2-19　嘉泰桥（位于长兴县和平镇庄里村，南宋年号桥）

图2-20　开禧桥（位于吴兴区织里镇伍浦村，南宋年号桥）

图2-21　开禧桥（位于南浔区和孚镇袁家汇集市，南宋年号桥）

东侧为二龙戏珠，西侧为宝珠、蝙蝠、仙人、天马等。梁头雕捧钵金刚力士，形象十分古朴。1995 年，该桥被列为江苏省文物保护单位。位于苏州古城区跨第四直河的寿星桥，初名营桥，宋《平江图》有载："南宋绍兴十年（1140），里人浚河时得瓷寿星，遂建桥立庙祀之，名寿星桥。"寿星桥为苏州古城内

图2-22 朱藤桥，北宋熙宁四年（1071）早期碑座式字堂，湖州现存最早的宋代石桥建造纪年题刻（位于长兴县小浦镇中山村）

图2-23 安丰桥，南宋乾道三年（1167）荷叶莲花字堂（位于南浔区和孚镇双福桥村，湖州市文物保护单位）

图2-24　石佛桥, 南宋嘉定十二年（1219）荷叶莲花字堂(位于长兴县吕山乡坪门村）

仅存的古代武康石石桥，1982年就被列为市级文物保护单位。桥面的武康石栏板为1965年从附近被拆的百狮子桥移来的，上有狮兽浮雕图案，或蹲或舞，生动活泼。位于苏州市吴江区七都镇的东庙桥，建于南宋绍定年间（1228—1233），是一座南宋年号桥。该桥为三孔武康石石梁桥，中孔石梁上刻有"绍定"二字，2013年被列为全国重点文物保护单位。此桥也是界桥，隔河相望即为湖州南浔地界。位于苏州市吴江区同里镇的思本桥，又名思汾桥，据同里旧志记载，为南宋宝祐年间（1253—1258）里人叶茵建造，是分节并列砌筑的单孔武康石石拱桥，2013年被列为全国重点文物保护单位。

图2-25　绍定桥（位于苏州市吴江区七都镇东庙桥村，南宋年号桥，全国文物保护单位）

图2-26 思本桥（位于苏州市吴江区同里镇，建于宝祐年间，全国文物保护单位）

位于上海市松江区松江镇方塔园内的望仙桥，建于绍熙年间（1190—1194），为单孔武康石石梁桥，武康石石梁上刻有莲花纹图案，是上海地区最古老的石桥，1985年被列为县级文物保护单位。位于上海市青浦区金泽镇北首的万安桥为南宋景定年间（1260—1264）所建，其桥拱为武康石分节并列砌筑，其桥面仰天石亦为武康石。位于上海市青浦区金泽镇南首的普

图2-27　寿昌桥，长三角地区保存最完整、形制最大的宋代单孔石拱桥（位于德清县下渚湖街道二都村，全国文物保护单位）

济桥，建于咸淳三年（1267），亦为单孔武康石石拱桥，因桥畔有圣堂庙，故俗称圣堂桥。桥梁专家唐寰澄先生称："论上海古桥之大，唯朱家角放生桥；论上海古桥之古，当推金泽普济桥。"普济桥是南宋咸淳年间（1265—1274）所建德清寿昌桥的缩小版，两者是一对造型相同的圆弧形武康石姊妹桥。金泽的普济桥与万安桥都被列为上海市文物保护单位。

图2-28　普济桥（位于上海市青浦区金泽镇，上海市文物保护单位）

　　杭州市西湖区留下街道的忠义桥，横跨西溪河，是分节并列砌筑的单孔圆弧形武康石石拱桥，桥拱板上有南宋嘉定戊寅年（1218）的题记，是杭州城区唯一一座有南宋题记的石拱桥。2019年，该桥被列为第八批全国重点文物保护单位。嘉兴市的两座有宋代纪年武康石桥都位于桐乡市大麻镇境内，均为三孔石梁桥，是嘉兴地区现存最古老的石桥。南社永宁桥为"岩绍熙四年（1193）岁次癸丑九月三日南社裕缘造石万都会首沈思智刘安沈振□老□宥□□永子承沈思□沈□□□立石□□□皆同建"。贤德洪桥，俗称渔桥，"岁次癸巳绍定六年（1233）仲冬吉日重建"，"癸丑宝祐初元年（1253）十一月五日东海徐□重建"。需要说明的是，其实大麻镇历史上一直隶属德清县，

图2-29　忠义桥［位于杭州市西湖区留下老街，建于南宋嘉定戊寅年（1218），全国重点文物保护单位］

1950 年划归崇德县，1958 年又并入桐乡县。

湖州西南部广袤的山区为湖州提供了丰富的建筑石材，加之有东西苕溪和运河的便捷水运，一直是环太湖地区主要的建筑石材供应地。南宋时武康石的使用广达整个太湖流域，之所以如此，跟德清地处江南运河的枢纽位置，拥有便捷的水运交通密切相关。到两宋时期，江南运河水系基本定型，其由两部分组成，一是以东西苕溪为干流的自然河流水系，二是以塘路为主要形式的人工运河水系，运河的水源来源于东西苕溪，把湖州东部的武康、德清、归安、乌程诸县联系成一个整体，而且顺畅地南达杭州，东抵苏州、嘉兴、松江，往西南通过西苕溪、泗安塘、蒲帆塘（青塘）沟通长兴、安吉。出产武康石的防风山、虎山、狮山、塔山、蠡山和西茅山等都傍着东苕溪干流，当年就是通过密布的水路将武康石运往江南各地的，远至洪泽湖高家堰大堤，武康园林黄石更曾远达东京汴梁。

武康石至迟在北宋时期已经出名，它包括园林假山石、建筑石两种。前者多见于文献著录，但罕见实物。后者虽疏于记载，却多见于实物史迹。清道光《武康县志》引杜绾《云林石谱》云："（武康）铜官山石空灵多，穷人取之以垒作假山，宋宣和时押运者具牒，以为此项石虫蛀不中用，闻者笑之，然亦山之幸也。"曾被"黄绫封识"的武康石多数是受文人偏爱的园林假山用石，记载较详。其色泽黄褐，属于地表风化岩，纹理不清，块状形态不规则。据文献记载和实物考证，均用于园林叠山，如著名的上海豫园大假山等。园艺界习惯把这一类石称作"武康黄石"。武康石建筑用材是一种属于火山喷出岩的熔结凝灰岩，自然状

图2-30　东苕溪航道、下渚湖与防风山航拍图（潘劲草摄）

态下多数呈淡紫色，少数呈黄褐色，但表面一经风雨侵蚀就氧化成美丽的紫色，人们习惯把这一类石称作武康紫石。

　　武康紫石绝对是古代建造桥梁的优秀石材，硬度适中，纹理清晰，便于开采，与古代采矿技术、生产力水平相适应，可以直接开采出各种大型的桥面纵梁和排柱，正如明万历《湖州府志》所载："武康石大而近粗。"湖州现存的武康石石梁桥上的桥面纵梁和排柱都非常大，因此桥梁显得特别高挑，远超后期的花岗岩梁桥，如现存东林星敏妙济桥，菱湖射中宝蓄桥、长寿桥以及下昂望晖桥上的纵梁和排柱所使用的武康石石材之宽之高都令人叹服。旧馆新兴港的庆安桥两根武康石的桥面纵梁相当于四根花岗岩桥面纵梁。深入考察发现，无论是苏州产

图2-31　武康紫石样本

的太湖青石和金山石，还是湖州产的弁山青石和乔木蛮石，都无法开采出武康石那样的大型石梁石柱。太湖青石属于石灰岩，石多孔隙，不容易出大料，硬度相对较低，摩氏硬度 3—3.5，主要用于砌置拱桥和梁桥的金刚墙、少量的拱桥拱券，梁桥的石梁石柱用材基本不见青石。湖州早期开发的粗粒花岗岩（蛮石）石质硬脆，容易崩裂，也很难开采加工成梁桥所需的大型石梁石柱。这就是湖州现存宋元风格的大型梁桥不少，但明代和清初的大型梁桥却非常少见的缘故。很多梁桥即使维修，也是尽可能地用原有的武康石石材。这种情况一直延续到清中期大型花岗岩龙山石的出现。

武康石便于加工雕刻，能雕琢出复杂的艺术图案。在湖州现存古桥上的望柱、桥栏、纵梁外沿、排柱、长系石、横帽石梁等处，我们可以看到大量精致的武康石雕刻作品，雕刻入石三分，线条流畅灵动，富有立体效果。艺术化的雕刻在花岗岩上迅速减少，其中最主要的一个原因就是花岗岩硬度高，雕刻难度大，绝大多数望柱变成了方正的柱子，没有了圆雕，只有简单的线条勾勒，乾隆时期尚能见带浅浮雕云纹的纵梁和横帽石梁，之后大多变成素面朝天了。武康石是一种砂岩，即使加工得非常平整，表面仍具涩性，而且吸水性好，雨中踏于其上也不会滑溜，不太容易积水结冰。

防风山，又名封山，位于德清县武康以东约 8 公里处，其采石始于唐代，盛于两宋，后遭禁止。康熙二年 (1663)，武康知县吴康侯将该山作胜景游览，并写了《封山记略》。《封山记略》提到了封公洞、石、龙池、石屋、仙人桥、百丈潭等，无非是石宕遗址罢了。1996年，为了开发旅游，人们探险封公洞，沿斜坡向下清理宕渣近百米，见洞内凿痕累累，因担心安全，未至洞底。防风山还有小蝙蝠洞，2001年开发成旅游景点，在清理洞穴宕渣时出土铁锥2只，当地人称作石蟹，现藏于德清县博物馆。据考证，这是一种剖石工具。后来武康石的开采中心也转移到了狮山、塔山、虎山等地。狮山、虎山并无狮、虎，是因采石后的山体形似狮、虎而得名。现突兀于狮山山脊中段的一块巨石，高20余米，是采石遗留的，记录着山体开采前的高度，可见其开采量巨大。

武康石不仅用于造桥，更大量用于钱江海塘、运河水利、河埠驳岸等的建造，从北宋到明初的数百年里，开采量极大，

图2-32 德清防风山武康石开凿蝙蝠洞遗迹

而产武康石的矿山主要是沿东苕溪为数不多的小山，石材资源相当有限。元中期开始，武康石的使用范围开始萎缩，到明中期，武康石资源日益枯竭，尤其缺武康石大料，建造大型桥梁所需的武康石桥面纵梁和立柱几乎无料可采了。武康石资源的枯竭迫使当地政府屡次要求禁止开采，《武康县志》收录了自明万历四十三年（1615）至清道光二年（1822）的《禁石宕文》6篇。武康知县周宗建于万历四十三年发布的《禁石宕文》是存录最早的一则禁石告示，其中有"历年以来，累经三院明刊告示，勒石示碑，禁止甚严，而日久延缓，数禁数犯"的记载，从湖州现存古桥所使用的石材来看，确实也是万历之后武康石日益少见。

但到清中期，德清还屡有开采武康石，这也是康熙年间和乾隆初年政府又三次出台禁石宕文的直接原因。康熙十五年（1676），武康知县冯圣泽《禁石宕文略》载："开采之山近县五里，前知县周宗建为地方申请勒禁，而卑职于开采之始亦请宪台禁止者也，夫前朝自麓而及腰，今且自腰及顶，前朝犹自皮而及骨，今且白骨及心。"武康石资源几近枯竭的窘况由此可见一斑。康熙五十三年，武康知县史秉直《详止采石文略》载："去冬淮安修砌高家堰，委山盱县丞采办。今采取诸人倏去倏来，随采随卖……"因此到乾隆十四年（1749），知县庄纶渭痛下决心，写下《禁石宕碑文略》："……今特约为四禁，一曰居山诸民无得贪利租赁。二曰游民无得串合潜窝。三曰毋得借海塘工料影射。四曰毋得借桥梁等修造煽诱。"从中可见，到乾隆初年，当地已经明确禁止开采武康石用于建桥了。这些

图2-33　德清防风山武康石开凿遗迹

图2-34　德清防风山武康石开凿石宕遗迹

时间节点恰好与花岗岩开始大量用于湖州桥梁建造一致，政府禁采武康石，直接推动了花岗岩的开采与使用。

嘉庆十六年（1811），武康知县龚澋写下《详止采石文略》："今郡西建横渚塘桥，乌程董事呈府批准采石。悉从前海塘需石先后开采三次，实因钦办要工，他若桥梁等工从未在禁山开采……既有修桥弛禁，狮塔二山终无封禁之日。"这说明除修建海塘外，早已禁止为建桥而开采武康石，龚澋要求的是维持已有的禁令，不能因为建横渚塘桥而开禁。道光二年（1822），武康知县庆辰发布《详止采石文》，其中提道："海盐修塘……令宕户开采，领四百丈塘石价银，岂知仅遗骸屑，并无整料，偏山凿尽，十不获一，宕户呼号无策，民人惊恐靡安，今求减采，缴还百丈之银。"修海塘所需石材并非大料尚且如此，造桥所需武康石整料大料早已耗尽，即使不禁，也无武康石石材用于造桥了。武康石的淡出和退出，并不是质地不如花岗岩，主要是因为经历数百年的开采，资源逐渐枯竭了。

不同石材使用的年代不同，古桥上那颜色各异的石材充分体现了各个时代建造及修葺的历史痕迹。武康石使用时间最长，从南宋延续到清中期，时间在 600 年以上，由于年代久远，保留完整的武康石桥不多，因此弥足珍贵，大多被列为各级文保单位。但各地留下了的武康石旧构件在后代石桥重建时广泛使用，一方面展示着古桥悠久的历史，另一方面也说明了武康石顽强的生命力。太湖石大约从明代中期开始使用，一直延续到清末，但长期作为辅助石材，且集中在太湖沿线的区域内，整桥使用太湖石的古桥很少见，但非常别致，极富审美韵味。在湖州现存古石桥中，花岗岩的使用时间最短，从清早中期开始，延续到 20 世纪 60 年代，时间不到 300 年，但因为时间短，保存的花岗岩石桥最多，分布最广，保存也最完整。

湖州古桥所使用的主要石材，按时间先后依次是武康石、太湖石、花岗岩。最古老和古朴的是武康石，呈淡紫色，高贵典雅；使用量最大的是花岗岩，有三种主要色调，最常见的是黄色，深浅不一，比较别致的是青色和紫红；使用范围相对较小的是太湖石，以青白色为主。不同颜色的石材精心搭配着使用，很好地展现了古桥多样又统一的美丽。此外，吴兴区西部的埭溪、妙西山区，德清西部山区和安吉县，常随地取材，直接取用溪涧中的蛮石，色彩天然，以黄色居多，但常常被青苔藤蔓覆盖，宛如天成，更是野趣盎然。而安吉杭垓的长丰桥和永安桥等采用产自当地的黑色石材，雨后的长丰桥呈现沉郁的黝黑，显得特立独行，特别有沧桑感。

从木构到石构演变的"活化石"：石壁薄墩弧形石梁桥

乾隆《淳安县志》津梁卷开篇就比较了南北筑桥的差异："九月成梁，夏令也，凡此皆主北方。所云梁者，大都累土和草，及葭苇、槁秸诸物捆扎縻束而约之，杝之，救之，度之，连根柢以成，须岁为之，故曰'水涸而成梁'。南方水潦无尽竭时，其梁之两崖，必枕以石，上用木跨之，桝比相承。有力者则穿其石如覆虹，而皆枒其下，故成之也难，其坏之亦不易。石渧木腐，修旧补废，又可支数年，不必岁岁复作也。"从桝比相承的竹木桥到可支百年的石桥，就是湖州古桥演进与衍变的真实历史进程，而易木为石，以石代木主要发生在两宋之际。

中国是世界上木建筑最发达的国家，木构桥梁成就也当举世无二。只是木构易腐易裂、易蛀易燃，湖州地区所建的早期木构桥梁早已不复存在，我们只能从嘉泰《吴兴志》等有限的文字记载中去挖掘和演绎。仪凤桥，唐仪凤年间（676—679）始建。最初的仪凤桥是一座规制宏大的木构平桥，"平袤数十寻，丛倚百余柱，亘于两溪殊为胜概。绍熙三年（1192）居民遗火延燎，随即建造，易名绍熙，旧桥有画栋采阑，与骆驼桥华焕相望，今纯以石"。"袤"是指南北的距离，"寻"是中国古代的一种长度单位，《说文》谓"度人之两臂为寻，八尺也"，"平袤数十寻"折算成今天的距离估摸着有上百米，所以"亘于两溪殊为胜概"。"丛倚百余柱""画栋采阑"表明仪凤桥是典型的柱梁式红栏木桥，其造型风格类似于隋朝画家展子虔《游春图》里的红栏木桥，两桥的时代也相距不远。这种桥每个端点连接处由木柱组成的排架式桩支撑着，每排上端穿一至两根横木，上架木梁，再铺板成桥，桥面平直，略带点弧拱，桥两侧装有木勾栏，髹以红漆。当然，仪凤桥的规制比《游春图》中的木桥大得多，《游春图》中的木桥仅两排十根木柱，仪凤桥则多达"百余柱"。

梁桥是我国古代最早出现也是最常见的桥梁。木结构是一种效率非常高也非常经济的建筑系统，维修也方便，常以替换部分损毁构件的方式进行。两宋流行仿木构建筑形式，湖州宋代石梁桥脱胎于木桥，易木为石实现了材料转换，但工匠们坚守传统的榫卯技术，还是习惯用石材来仿制旧的木结构，以石柱代木柱，以石梁仿木梁，在湖州始建于宋代的石梁桥上保留下了大量木结构的特征。由于构件的可替换性，历经多次修缮，古桥依旧能够比较完整地保持初始结构与风貌。即使重建再建，原有构件也能得到最充分的利用，这也为我们追寻古桥的历史发展进程，提供了相当大的便利。湖州宝蓄桥、长寿桥、畎桥、上邻桥、僧家桥、社桥等就是这样一组始建于宋的石梁桥。不同时代使用的石材不同，加工的工艺不同，你可以清晰地辨别出历代修缮的痕迹，能轻松地找出哪些是宋代原始构件，哪些构件在明清进行过更替，这是湖州古桥最清晰的石质年轮。

　　简支木梁桥，木主梁以孔为单元，两端设有支座；连续木梁桥，木主梁若干孔为一联，连续支承在几个支座上。在古代，简支木梁桥运用尤为广泛，桥柱视桥面宽度而定，每排上端穿一至两根横木，窄的桥面仅容一人通过，足够宽的桥面可行车、马。八字排架桥，是最简易的木梁桥，桥柱两根一排，为了增强稳定性而向内倾斜呈八字形，上部穿一至两根横木，上部的横木托起纵梁。位于南浔菱湖建丰包家兜的五孔道仁桥的桥墩由两根武康石立柱组成，它们并列间排竖置，中间间隔同柱宽，保留了木桥八字排架的结构特点。桥墩上系武康石横帽梁，以榫卯结构连接，横帽石梁上方凿半圆石槽，上架通长柏木做承重之梁，桥面为横铺的武康石石板。与道仁桥相距5公里的石淙镇镇西村三孔安庆桥，桥墩亦由两根武康石立柱并列间排竖置而成，上系武康石横帽梁，帽梁端面饰减地浮雕花卉纹，是典型的宋代风格。位于南浔练市钟家墩的刘华桥跟道仁桥形制相仿，亦为三孔木梁桥，以并列间排竖置的武康石立柱为桥墩，上系武康石横帽梁，上架纵向木梁，唯一不同的是，刘华桥桥面铺设的是青砖。道仁桥、安庆桥、刘华桥这样两立柱并列间排竖置桥墩的技术原型均源自简支木梁桥的八字排架，建筑技术与木梁桥如出一辙，是宋代以石代木的遗风。

　　位于德清武康双燕的乾道桥，以宋孝宗年号"乾道"命名，是一座单孔的八字排架石梁桥，是湖州最小的南宋古桥。西侧桥墩立柱立面凹凿成框，文字刻于框内，共59字，分成6行，字体书写随意，大小有异。经辨识，文字为："福庆院僧口仁

图2-35　道仁桥，八字排架桥墩（位于南浔区菱湖镇建丰村，湖州市文物保护单位）

图2-36　刘华桥，八字排架桥墩（位于南浔区练市镇钟家墩村）

□□□建造此桥，所集功德报答四恩三友，同运力父宿子答，□□、周倘、沈宗、周俅、□□、周□，匠人童子诚□□。乾道二年（1166）十月十五日立。"可知此桥是福庆院一个叫"□仁"的僧人舍钱建造的，同时参与的还有周姓兄弟等人，造桥匠人童子诚记录了此事，童子诚有可能是湖州已知最早的造桥匠人了。乾道桥低平，两块桥板并铺，桥板仅长 2.61 米，桥面宽 1.22 米，厚 0.23 米，两侧凿出的睑边已显得圆润，一看就知道经历过太多岁月。北边的梁侧刻有桥名，在糙面上挖出 3 块，分刻 3 字，有点摩崖石刻的味道。两头桥台为柱墩形式，两根石柱分开竖立，桥墩结构合理，它的桥墩上端向溪岸后仰，两根墩柱下脚又向

图2-37　乾道桥，八字排架桥墩（位于德清县舞阳街道双燕村，德清县文物保护单位）

外分开呈八字形，这样，就大大提高了桥墩纵横双向的稳定性。墩上盖压一根横帽石梁，凿有托木孔。乾道桥简朴无华，板、梁、柱形式协调，石色统一，风化程度一致，是一座原汁原味的宋桥。

德清武康皇觉寺遗址寺前小河上有一座谢公桥，为三孔武康石石梁桥，桥墩是两根石板立柱并列间排分立结构。位于东林三合村的永宁桥，虽为清道光丙申（1836）重建，但也保留了大量宋元桥梁的信息。桥面由两块武康石并排而成，微拱，外侧出檐带睑边，它最大的特点是在桥梁中间加入了一组排柱墩，把原本的单孔转化为别致的两孔，桥墩是两根武康石立柱并列间排分立结构，属于少见的连续石梁桥。谢公桥和永宁桥的立柱分立横帽梁两端，两立柱间隔较大。绍兴庚辰年（1160）的武康万安桥的立柱也采取相同的并列间排方式，只是两柱间

图2-38 谢公桥，八字排架桥墩（位于德清县阜溪街道皇觉寺遗址前，德清县文物保护单位）

的空间后期被条石填充了。这些两立柱并列间排竖置桥墩的技术原型均源自简支木梁桥的八字排架。

　　石梁桥的爪墩同样是对木结构的模拟。桥墩每墩至少设分立石柱三根，其中左右两根石柱斜度较大，起到斜撑的作用，墩柱下脚都向外分开，上架搭石梁一根；整体呈"爪"形，有个形象的名字"爪墩"。位于钟管新联的八楞桥（俗称冯家桥），是东西向三孔石梁桥，其桥名由来，就跟特殊的桥墩建法有关。八楞桥的立柱是六根八棱形武康石柱，"楞"通"棱"，故得八楞桥之名。位于德清禹越夏家村的圣龙桥为东西向三孔石梁桥，西桥墩由两根石板立柱并列间排竖置而成，东桥墩为三根八棱形武康石石柱的爪墩。石板立柱并列间排竖置的类爪墩，在湖州早期武康石石梁桥上时有发现。

图2-39　八楞桥，八棱形石柱爪墩（位于德清县钟管镇新联村，德清县文物保护单位）

图2-40　圣龙桥，八棱形石柱爪墩（位于德清县禹越镇夏家村，德清县文物保护单位）

　　德清武康龙胜村的萧公桥、兼济桥就是类爪墩的宋风石梁桥。萧公桥保存较完整，为三孔梁桥，古藤缠绕，石质为武康石，制作古朴。桥墩由三石柱并列间排竖置而成，北侧桥墩中间石柱为八棱形，石柱有明显的侧脚，保留着爪墩的做法。萧公桥的形制风格与同村的兼济桥相仿，兼济桥是第七批全国重点文物保护单位德清古桥群之一。桥墩为四立柱并列间排分立结构，桥墩上系横帽石梁，其上放置石梁以作桥面，建造纪年见于桥柱题刻，刻于首行的是"宋乾道八年壬辰（1172）岁丙午朔端午吉日"。追远桥位于武康三桥骆家冲一处荒地中，东西走向，为三孔石梁桥。两侧的金刚墙已毁，桥的一半已埋在土中，显得非常特立独行。中孔桥墩由三立柱并列间排竖置而成，中间

图2-41　萧公桥，并列间排分立结构爪墩（位于德清县阜溪街道龙胜村，德清县文物保护单位）

图2-42　兼济桥，并列间排分立结构爪墩（位于德清县阜溪街道龙胜村，德清县文物保护单位）

图2-43　追远桥（位于德清县阜溪街道三桥村，浙江省文物保护单位）

稍有间隙，上压横帽石梁，在中孔东墩的立柱上，有"绍熙二年（1191）岁次辛亥"字堂题记。

　　湖州古桥中凡"立柱并列间排分立结构"的，其立柱无一例外均为武康石材质，这亦可证其年代之久远。通过经验积累和技术交流，湖州石梁桥在演进中不断做出结构微调，宋元之际，立柱并列间排逐步被立柱并列密排所替代。为了增强稳定性，一些早期大型梁桥的石板立柱向上收分，下宽上窄，略呈八字形。位于吴兴东林星敏南坝的妙济桥，桥的主体由武康石构筑，桥墩由两根石板立柱并列密排竖置而成，向上有明显的收分，边孔桥墩与金刚墙为一体，墩顶压横帽石梁。长兴包桥的三登桥有嘉定十六年（1223）题刻，吕山淡南桥虽无纪年但宋元风

图2-44　妙济桥，两石板并列密排石璧墩（位于吴兴区东林镇星敏村，浙江省文物保护单位）

图2-45　溇南桥，两石板并列密排石壁墩（位于长兴县吕山镇圩门村）

图2-46　长寿桥，四石板并列密排石壁墩（位于南浔区菱湖镇射中村，湖州市文物保护单位）

格明显，两座三孔石梁桥的桥墩都采用一大一小两根武康石石板立柱并列密排竖置的结构，应属于同一时代的技术风格。位于南浔和孚双福桥的安丰桥，为东西向三孔石梁桥，桥的主体由武康石构筑，桥墩由三根石板立柱并列密排竖置而成，下宽上窄逐渐收分，在东边靠金刚墙的桥墩立面上，有阴刻楷书"岁次丁亥乾道三年（1167）五月廿一日建造□亥三□"。三根石板立柱并列密排竖置桥墩是湖州乡间梁桥最普遍的形式，武康石石材易出大料，三根并竖就足以架起像德清社桥这样的大型五孔石梁桥。

　　德清武康的僧家桥随着城市化的推进，已成玫瑰庄园小区绿化公园的一部分。僧家桥为东西走向的三孔石梁桥，整桥用武康石砌筑。桥墩由四根石板立柱并列密排竖置而成，但两侧立柱较宽，中间两根略窄，且长度不足，下接垫石，充分体现古代匠人因材施作的智慧。桥面两侧虽未见桥名及年款，但主孔东墩立柱中段有莲叶荷花浮雕字堂，上刻有"皇宋宝庆二年（1226）季夏上□吉日重建"。位于德清三桥埠的上市桥，是东西向的三孔石梁桥，属于乡村集市的节点桥梁，较之一般乡村桥梁更宽。中孔西立柱上刻有"皇宋岁次丁酉嘉熙（1237）改元十二月十一戊子日吉辰"，上市桥桥面由五根武康石梁纵铺而成，桥墩由六根武康石石板立柱并列密排竖置而成，上市

图2-47　上市桥，多达六根排柱的石壁薄墩（位于德清县阜溪街道三桥埠，德清县文物保护单位）

桥历经多次改建，但整体结构宋风犹存。

　　湖州宋桥的武康石立柱是宽度远大于厚度的石板，厚度常不足 30 厘米，数根石板立柱并列密排竖置成石壁墩，即真正的薄壁墩，并以榫卯技术锁定立柱、盘石和帽梁，从而形成稳定架构。这种结构建造简便，整体性较好，是沿袭千年的古老技术，在湖州地区广泛应用，以此建成的大小桥梁不计其数。南宋倪思在《经锄堂杂记》中说湖州"霅川平波漫流，有水之利而无水之害"，石壁薄墩确实非常适合这样水流迂回漫流的水乡平原。

　　湖州现存古桥以石梁桥为大宗，其中 90% 石梁桥又是石壁薄墩梁桥。这样的薄壁桥墩能很好地承受纵向压力，很多乡村石梁桥只是简单在桥面浇筑水泥，就能供现代车辆使用。但这样的薄壁桥墩不能有效地抵御来自横向、侧向的撞击。因此，为了消解船与柱的磕碰，武康石立柱外沿都采取倒角杀棱，两侧的柱角一般被凿成约数厘米的平侧面。湖州水乡有大量关于哑子桥的传说，船过桥洞时须噤声，其实就是希望驾船者集中注意力，防止船与桥柱的擦碰。湖州水运兴盛的后期，不仅船的吨位越来越大，机械动力的速度也越来越快，桥墩被撞，甚至整桥被撞塌之事也屡屡发生，航道上的薄壁桥墩石梁桥越来越成为碍航桥梁，成为航运的不安全因素，一拆了之也是当年迫不得已的选择。

　　湖州城厢的骆驼桥，唐垂拱年间（685—688）始建，后以其直对迎春门又名迎春桥，"横亘溪上三巨桥，迎春其甲也"。桥"以其形穹崇若骆驼背"而得名，宋胥偃云："惊湍箭驰，列柱栉比，覆以飞宇，约以雕槛，得其实矣。"骆驼桥是宋代

图2-48　永福桥，武康石排柱外沿倒角杀棱（位于德清县舞阳街道塔山村，德清县文物保护单位）

图2-49　畎桥，武康石排柱外沿倒角杀棱（位于长兴县林城镇畎桥村，长兴县文物保护单位）

　　"骆驼虹"类木构梁桥，东京汴梁金明池上的仙桥是最出名的"骆驼虹"桥。孟元老的《东京梦华录》记载："又西去数百步，乃仙桥，南北约数百步，桥面三虹，朱漆阑楯，下排雁柱，中央隆起，谓之'骆驼虹'，若飞虹之状。"柳永有诗描绘："千步虹桥，参差雁齿，直趋水殿。"传为张择端创作的《金明池争标图》，非常精细地绘制了五孔仙桥，弧形桥面高举如虹，单勾栏漆红色，花板雕刻精美，四组密排的雁柱高峻挺拔，这与骆驼桥"形穹崇若骆驼背""列柱栉比""华焕相望"的描述是一致的。叶梦得《泛舟登骆驼桥待月》诗云："千步长

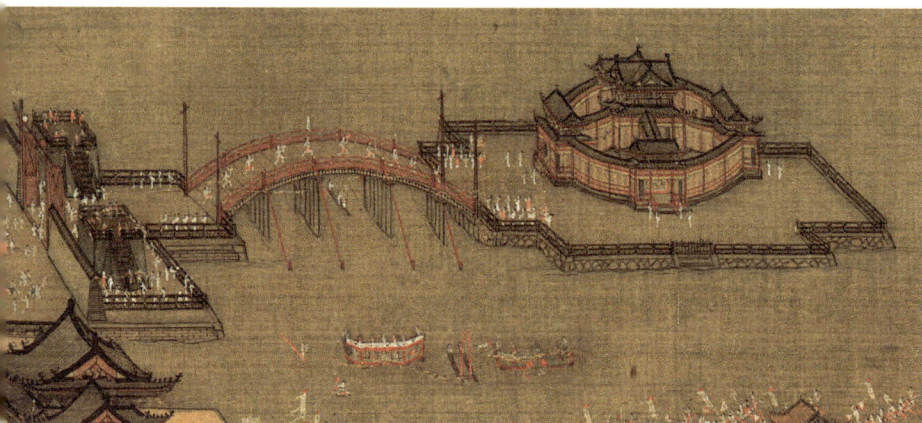

图2-50　传〔宋〕张择端《金明池争标图》中的"骆驼虹"仙桥

虹跨碧流，两山浮影转螭头。"对于一个木结构的桥梁来说，恢宏之气可见一斑。

　　湖州古代石梁桥对木桥的仿制还表现在桥面的架设和形态上。古代的简支木梁桥常被称为"虹桥""月桥"和"飞桥"，均暗示桥的形态为弧形，骆驼桥就是一座形似单峰骆驼的飞虹桥。王希孟的《千里江山图》绘制了很多形态的木制梁桥，最引人注目的是一大一小两座木构梁柱式亭桥，此外，图中还有一些简单的桥，如桥面微微隆起的单跨施朱栏的梁式桥，两端低而宽、中央高而窄、无栏杆的多跨桥等，有些弧度还显得相当夸张，近乎拱桥中的圆弧拱。这样构造的简支梁桥在古代更具普遍性，因其结构简单，设计合理，施工方便。桥面密排横木，再覆草泥，这样处理，在使桥面平坦的同时也可以防腐，安吉泥桥"编竹覆土"、长兴鼎甲桥"易土为砖"等提到的"土"

图2-51 〔宋〕王希孟《千里江山图》中的弧形木梁桥

就是指这项工艺。长兴的贯通西苕溪与泗安塘的泥桥港，因港上横跨的永宁桥俗称泥桥而得名，吴兴滨湖溇港亦有一条泥桥港，所谓泥桥都是覆土的竹木桥。这样的简支梁桥可保证桥面连续不开裂，近似现代公路桥，整座桥体略呈弧形，横跨水面宛如长虹卧波，颇为轻巧。不设台阶，桥面和河岸无缝衔接，桥路相连。

王希孟所绘的弧形梁桥过于夸张，有人甚至曾怀疑所绘桥之的真实性。非常有意思的是，这些被忽视、被怀疑的桥型，在湖州现存宋代石梁桥上恰恰能找到实证，这样的弧形虹桥不仅真实存在，而且是石作的。木料作为建材，能抗压，也能受拉，同时更能承受一定的弯曲力，建构弧形桥面相对容易。古代工匠又是如何用坚硬的石材来建构弧形桥面的呢？

首先，湖州石梁桥的建筑保留了传统的木梁技术，联排的石立柱上盖横帽石梁，帽梁上凿半圆形托木槽孔，桥面石梁下常安放数根相同长度的圆木，年代久远的木头已腐坏，但托木槽口仍非常清晰，这说明托木技术在湖州地区的使用是相当普遍的。石梁桥保留了木纵梁，以石立柱替换了木柱，木结构特征十分明显。托木在石梁桥中起到什么作用呢？架桥时木梁可固定桥墩，也方便桥面石纵梁移动并安放就位。桥架成后，木梁就留在那里，成了托木。而且"石之长者易以折"，托木可防止石梁断裂下坠伤人伤船。在木梁之上铺设桥面，由密排横木覆草泥发展到横铺石板（道仁桥）、密铺青砖（刘华桥），再发展为纵向铺设弧形石梁。

其次，每根武康石桥面纵梁制作加工时，由两边向中间逐渐增厚，呈下平上弧形态，纵梁外侧出檐，做成垂直折沿形的

图2-52　道仁桥，弧形桥面（位于南浔区菱湖镇建丰村，湖州市文物保护单位）

睑边，因此单孔石梁桥桥形也都呈微拱。始建于绍兴庚辰年（1160）的德清武康万安桥就非常典型，桥面纵梁两端均为30厘米左右，向中间增厚至50厘米左右，外侧凿成弧形睑边，使桥面略呈拱形，桥不设台阶，桥面直接连通路面。万安桥的弧形纵梁称得上是武康石桥面纵梁的标准件。南浔菱湖射中的永兴桥是一座非常特殊的单孔石梁桥，整桥为武康石材质。桥面分3段，每段桥面由5根石梁并排构成，每根石梁都呈下平上弧形态，外侧带折沿形睑边。桥面中段为跨径桥孔，两侧桥墩6根立柱紧靠桥台金刚墙。南北两段桥面以倾斜的姿态直接铺设于桥台之上，不设台阶，直接与路堤相衔，整个桥立面呈连续的长弧形。长兴水口徐旺的唐翁桥亦是整桥为武康石材质，结构与永兴桥相仿，桥面亦分三段，不过每段桥面只由两根石梁并排构成，不设台阶，直接与路堤相衔，整个桥立面呈连续的长弧形。永兴桥和唐翁桥从桥面看都很像二墩三孔石梁桥，两

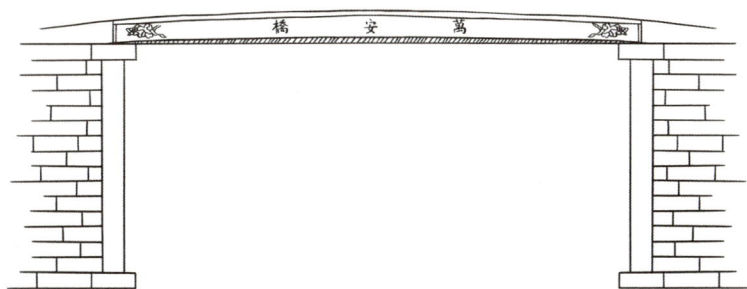

图2-53　万安桥侧立面示意图（位于德清县舞阳街道太平村，全国文物保护单位）

图2-54　唐翁桥（位于长兴县水口乡徐旺村，长兴县文物保护单位）

侧边孔砌墙成为桥台。我们在南宋古画里就发现了这样的做法，刘松年的《四景山水图·春》和《秋山行旅图》中的桥梁均采用填石为墩的做法，在桥柱间加入石墩，桥柱成排整齐地紧贴石墩，增强了桥面的载重能力。

再次，宋代武康石多孔石梁桥，由两端桥台向中间桥墩梯次增高，一组弧形桥面纵梁连接闭合就成了完美的弧形连续桥面。以笨重的石头实现木梁桥般的轻盈灵动，让我们不得不佩服古代工匠们的智慧和高超技艺，这在桥梁建筑技术上被称为连续简支梁结构。位于长兴虹星桥西南村的钱家圣堂桥，系东西向三孔石梁桥，桥面为独块的武康石，呈弧形，两侧带折沿形睑边，三块连铺成连续的拱背长弧形。位于德清武康塔山村的永福桥，系南北向三孔石梁桥，全桥用武康石建造而成，桥墩由两根石板立柱并列密排竖置而成，向上有明显的收分，横帽石梁有托木槽。桥面设置很特别，北侧边孔跟圣堂桥一样，由独块武康石铺成，中孔及南侧边孔则由两根石梁并排组成，桥面两侧均带折沿形睑边，中孔桥面两侧桥额阴刻楷书"永福桥"。此外，德清钟管茅山村沈家埭的太师桥，其中孔桥面也是用面弧两侧带睑边的独块武康石铺成的，边孔由两根石梁铺

图2-55　永福桥（位于德清县舞阳街道塔山村，德清县文物保护单位）

就，不设台阶，直接连接路堤，桥面呈现比较明显的弧形。妙济桥桥面亦采用两根长弧形石梁纵铺的技术和做法，桥面纵向两侧为折沿风格，末端雕刻有勾云纹。弧形的桥面纵梁，五孔的大跨度，加之从两侧金刚墙依次向中间排柱墩增高，使得整桥呈自然流畅的弧形，桥型舒展优美。

　　弧形造型源于实际的需要，平原水乡地区建桥必须考虑桥下的通航功能，必须保证一定的净空，但通航只需一孔，其余桥孔可以略低。降低桥台高度，与河岸持平，与路堤实现无缝对接，既利行走，又省工省料。用武康石弧形石梁纵铺成弧形连续桥面是湖州"连续简支"石梁桥的最大特色，从形态来看，几乎是宋人画中无勾栏木构梁虹桥的翻版。圣堂桥桥身很窄，只有 0.9 米。当地流传有一则趣闻：桥西村里有个酒鬼，常爱和别人赌酒。有一天晚上，他去桥东走亲戚，又赌了酒，在夜色中醉醺醺地走到圣堂桥，望着窄窄的桥面，踟蹰半天不敢过桥，生怕一不小心摔到河里去，就索性爬行过了桥。就这样，酒鬼因这桥出了名，圣堂桥也因了这个故事而声名远扬。妙济桥曾是星敏村前后骧去洛舍赶集的必经之路，桥长近 30 米，高约 6 米，宽仅为 1.65 米，且无桥栏，风大雨大的时候走在桥上，确实令人胆战心惊，胆小的人估计要爬着过去了。桥北块有一棵巨大的香樟树，挡住北侧的边孔，沿河两岸都是连绵的芦苇，无论是早春的"蒌蒿满地芦芽短"，还是深秋的"芦花飘雪迷洲渚"，都美不胜收。

　　弧形连续桥面，尤其是坡度较大的边孔桥面，处理很有讲究。一种做法是，在桥面石上凿出凸起的横向栉阶，这种形式亦称

图2-56 圣堂桥（位于长兴县虹星桥镇西南村，长兴县文物保护单位）

马道。妙济桥、至大桥两侧边孔纵梁的横向栀阶凸起感比较明显，圣堂桥两侧边孔纵梁的横向栀阶则不太明显。练市镇车塔村有一座东西向的三孔石梁桥，俗称西亭子桥，桥面侧面被水泥封住了，不见桥额，立柱上的荷叶莲花字堂宋元风格明显，桥面纵梁的横向栀阶制作得非常规整。菱湖兴福桥俗名章桥，为三孔石梁桥，两侧边孔桥面横向栀阶亦显。这说明栀阶是湖州武康石弧形梁桥桥面制作普遍采用的技巧，这样的技巧同样用在拱桥上，如源洪桥的桥面，寿昌桥、永安桥的垂带石等处都有横向栀阶。另一种做法是，在桥面凿出凹下的浅阶。僧家桥两边孔桥面石梁上各镌窄步浅阶 9 级，中间桥梁在浅阶上又做了伞形的凹槽，用于行车，做得非常考究。菱湖射中宝蓄桥桥面很宽，由 6 根石梁并铺而成，根据边孔桥面做法，余留的构件可以还原，两侧石梁镌刻横向栀阶，中间 4 根石梁凿出微凹的浅阶，与横向栀阶并通。乾隆重建时，花岗岩石梁沿袭了旧制，非常别致。同在射中的长寿桥则在两边孔桥面石梁各镌宽步台阶 3 级。栀阶和浅级的设计既起到防滑的作用，又不影响车马上下。东部水乡习惯于重则船载，轻则肩挑，依靠车载马行的较少，在之后发展中，以垂带浅踏跺衔接桥面和路堤。垂带石的弧形折沿睑边与桥面弧形折沿睑边连通，整个桥的侧立面还是呈完美的长弧形。

元代画家盛懋在《江乡渔隐图》中非常细腻地绘制了一座带勾栏的三孔弧形石梁桥。画中群山连绵，一片苍茫，近处山水相连，绿树苍翠，岸边草房几间，人影绰绰，桥在画面右侧三分之一处。桥的两个桥墩由 4 根石板立柱并列密排竖置而成，上压横帽石梁，不设台阶，桥面直接连接河岸路堤。桥面两侧设长弧形须弥座桥栏，间置仰覆莲望柱 6 对，整个桥立面呈连续的长弧形。画中石梁桥的结构、造型和环境，与德清蠡山脚下的普济桥神似。下昂射中的宝蓄桥和长寿桥虽历经重修重建，但也基本保留了相似结构和造型，只有桥堍被改造成了垂带踏跺式样的台阶。

作为实用建筑的桥梁，古人始终坚持因地制宜原则。因地

图2-57　妙济桥，弧形桥面，横向栉阶（位于吴兴区东林镇星敏村，浙江省文物保护单位）

图2-58　僧家桥，边孔桥面，窄步浅阶（位于德清县武康街道五龙社区，浙江省文物保护单位）

图2-59　〔元〕盛懋《江乡渔隐图》（局部）（美国大都会艺术博物馆藏）

理环境、地形地貌的不同，宋元的武康石梁桥也呈现出了不同的样态。研究发现，桥的弧形跟河岸的高低和所跨河流的宽度密切相关，河岸低，跨度大，呈现的弧形就特显夸张，比如东林妙济桥。但同样是五孔石梁桥，位于东林泉心村高桥头的宁远桥，因为两侧河岸比较高，整个桥面显得比较平直，只是略呈弧形。这是一座历经多次重修、重建的宋元桥，现桥为清同治九年（1870）重建，但我们在桥柱上诸多的荷叶莲花字堂里找到了两处纪年镌刻，一处是"皇宋淳祐岁次甲辰（1244）六月同建"，另一处是"皇元延祐（1315）岁次乙卯三月吉日重建"。长兴的平原圩区因圩堤高出名，跨圩之桥都直接架于与圩堤同高的桥台上，不设台阶，早期武康石梁桥也采取依次向中间增高的弧形连续桥面，但坡度比东部水乡要平缓一些，如畎桥和邻近的古大卢桥均是如此。

　　德清县境内有多条东苕溪支流，有余英溪、湘溪、阜溪、禹溪等，溪涧上游建造的石梁桥多见桥面平直连续的漫水溪桥。

漫水桥横跨常水位与洪水位高差较大且不通航的溪涧，洪水时间一般较短，桥梁标高按常水位设计，洪水时允许水流从桥面漫过，这种桥梁称为漫水桥。它是劳动人民在长期的生产生活实践中，以传统石板架桥方式，做出的一种适应山区溪流交通的选择。漫水桥石柱竖流，石板平铺，贴近水面，德清龙胜的兼济桥、萧公桥、谢公桥都是低平的漫水桥。三桥埠的上市桥、追远桥桥面平直略带弧形，桥略高但也可算作漫水桥。而最小的乾道桥俗称下溪桥，村因桥名，桥低平又近山，溪桥漫水更是名副其实了。

　　硬度更高的花岗岩取代武康石成为桥梁建材后，我们只在乾隆十六年（1751）重建的荻港余庆桥、乾隆二十二年（1757）重建的白雀白莲桥等少数石梁桥上，看到试图模仿武康石弧形的实践与努力。很明显，精准加工弧形桥面纵梁不仅费时费工，而且很难在花岗岩上实现。古代匠人们本着实用的原则，随即放弃了这种吃力不讨好的唯美追求。花岗岩建造的石梁桥出现了几个非常明显的变化：一是桥面纵梁放弃了由两端向中间增厚加工成微拱、外侧出檐做出折沿形睑边等做法，取而代之的是横平竖直的规整平梁。二是花岗岩立柱外沿也不再像武康石柱那样倒角杀棱，做出小侧平面。三是桥台上横铺台阶连接桥面与路堤。尤其是东部水乡，交通优先考虑水路，再综合考虑照顾陆行，基本不用考虑车马。水乡的花岗岩石梁桥，中间桥面变得平直，桥面与路堤以高高的台阶相连。因此，我们不妨称之为石阶石梁桥。虽然多孔石梁桥依旧采用两端桥台向中间桥墩梯次增高的方式，但连续的弧线不见，取而代之的是断续的生硬折线，不复连续弧形的柔美。

整体来看，花岗岩的石柱石梁硬度高于武康石，但宽度、厚度上不如武康石。清嘉庆二十年（1815）重建旧馆港胡村庆安桥时以花岗岩更替了部分武康石构件。桥墩仍由3根武康石立柱并列密排竖置而成，南侧边孔保留了武康石桥面，由2根石梁并排构成，中孔和北侧边孔桥面更替为花岗岩，由4根石梁并排构成。我们在花岗岩石梁桥上很少见到两柱联排，多见

图2-60　庆安桥桥面武康石与花岗岩宽度对比（位于南浔区旧馆街道港胡村）

3—5 根立柱，幻溇古桥群的 3 座七孔石梁桥，其桥墩均由 4 根花岗岩石板立柱并列密排竖置而成。位于石淙镇沈家兜北的通济塘桥又名高粱镜渡桥，俗称北港塘桥，为五孔石阶石梁桥，是东部现存最高的花岗岩石梁桥之一，长 47.6 米，高 9.09 米，上下台阶各 9 级。桥墩由 5 根长柱并列密排竖置而成，宽窄比已接近柱，明显不同于武康石的石板立柱。桥面为双道板梁结构，干栏式桥栏，间置望柱 6 对，柱头为灯形，四侧雕有海棠纹，桥栏两端安素面圆角形抱鼓石。通济塘桥始建于清乾隆年间（1736—1795），嘉庆四年（1799）重建，宣统二年（1910）又重建。

宋式虹桥的江南类型：圆弧形薄拱驼峰石拱桥

中国的拱桥形象最早出现在汉代的画像石和画像砖上。"泗水捞鼎"题材在汉代的画像砖、画像石以及其他的石质建材中经常出现，据统计，在山东、江苏、河南、四川等地出土的汉代"泗水捞鼎"图多达 30 余件。"泗水捞鼎"画像版本很多，尽管画面的简易程度、具体的捞鼎方式有所区别，但是都是以呈拱形的泗水桥和捞鼎的人群为构图核心。再如"平索戏车车骑出行"画像砖，中部为一拱桥，桥下一人荡舟，水中鱼龟游动。桥上两车、两骑吏向右行驶，有两人恭立桥头，候迎车骑。桥拱表现为弧线形，这在交通上是比较合理的。汉代之拱桥，虽历史文献中全无线索，但画像石上所刻图像不可能完全出于虚构。洛阳的旅人桥可能是有记载的最早的石拱桥。北魏郦道元《水经注》载："（七里）涧有石梁，即旅人桥也……凡是数桥，皆累石为之，亦高壮矣，制作甚佳，虽以时往损功，而不废行旅。朱超石《与兄书》云：'桥去洛阳宫六七里，悉用大石，下圆以通水，可受大舫过也。'题其上云：'太康三年（282）十一月初就功，日用七万五千人，至四月末止。'"

宋代最知名的拱桥是张择端《清明上河图》中心位置的虹

图2-61　"泗水捞鼎"画像砖（1985年河南省南阳市新野县樊集24号汉墓出土，河南博物馆藏）拓片

图2-62　"平索戏车车骑出行"画像砖（1984年河南新野樊集村征集，中国国家博物馆藏）

桥，为木质结构，桥身无柱子支撑，单拱横跨汴河，拱券高薄。桥上行人熙熙攘攘，还有几辆满载货物的畜力车通过，桥下一艘大船正在奋力前行准备过桥。唐寰澄先生推测其"净跨约20米，拱矢约5米，宽约8米"，并先后名之为"叠梁拱桥"和"贯木拱桥"。虹桥的结构被称为"叠梁拱"，由五排粗大的巨木组成骨架，两端固定在横木上，五排拱骨与横拱间用榫卯、铆钉、捆扎的方法固定并相互搭叠，形成叠梁拱，坚固且外观美丽。

图2-63　〔宋〕张择端《清明上河图》中的木虹桥

在桥下的河岸边沿，仅有四根木柱支撑桥梁，但并不会与船只发生亲密接触。用巨大的方木通过交织关系结合在一起，互相支撑，互相制约，所以化直为曲。使用短的构造材料，形成大的跨度，这是我国独有的构造，是我国古代劳动人民的智慧结晶。《东京梦华录·河道》中有这样的记载："自东水门外七里至西水门外，河上有桥三十。从东水门外曰虹桥，其桥无柱，皆以巨木虚架，饰以丹艭，宛如飞虹。"汴水从隋代开始就是江南到北方的重要漕运河道，北宋随着贸易经济发达，流经的船只大幅增加，这样一来，河上的梁桥桥墩容易成为船只顺利通行的障碍，船只一多，时常会出现各种安全事故。直到山东青州牢城的一个离职小卒建造了北宋时期第一座名义上的虹桥，最终，在汴河的汴梁段，也修了一座虹桥，《宋史·陈希亮传》记载："自畿邑至于泗流，皆为飞桥。"在北宋后期赵伯驹的画作《江山秋色图》中，也有一处桥梁采用叠梁拱的结构，但是规模相较于虹桥要小得多。

图2-64　〔宋〕赵伯驹《江山秋色图》中的叠梁拱桥

　　江南地区两宋时期是否有类似的木构虹桥，现在我们不得而知。江南现存最早的石拱桥是南宋圆弧形薄拱驼峰石拱桥，尽管与虹桥所用的技术、材质不同，但两者的造型与功能类似。圆弧形的桥下行船与泄洪，弧形桥面过车马，不设台阶，直接连接河岸与道路，近似现代的公路桥。圆弧形薄拱驼峰石拱桥主要分布于环太湖地区的湖州、杭州、苏州、上海等地，其建造的年代与卢沟桥的始建年份（1189）相近。杭州下塘的忠义桥建于嘉定戊寅年（1218），苏州吴江的思本桥建于宝祐年间（1253—1258），上海青浦金泽的万安桥建于宋景定年间（1260—1264），普济桥建于咸淳三年（1267）。吴兴东林源洪桥，建于咸淳五年（1269），为德清三合寿昌桥邑人姚智咸淳年间（1265—1274）所建。德清下渚湖街道的永安桥为第七批全国重点文物保护单位，从风格看，比寿昌桥、源洪桥更为古朴，很有可能是绍兴二十六年（1156）和王杨存中在杨坟所建的四桥之一。这七座石拱桥建造年代相近，均采用武康石石材（万

图2-65 永安桥（位于德清县下渚湖街道下杨村，全国文物保护单位）

安桥拱券为武康石，金刚墙等为太湖石），拱券和桥面呈现双圆弧形，远望拱桥，如驼峰横跨。拱券均采用分节并列法砌筑，无眉石，间壁石素面，桥栏多为须弥座式，望柱雕刻覆莲纹。此外，第七批全国重点文物保护单位德清下舍的万善桥、雷甸青云桥，浙江省重点文物保护单位德清乾元的清河桥等，也均为单孔武康石拱桥，且风格造型均与上述七桥一致。

隋大业年间（605—618）工匠李春主持建造的河北赵州安济桥（今赵州桥），因桥体全部用石料建成，俗称"大石桥"，是世界上建造年代最早的敞肩式圆弧形石拱桥，被公认为世界拱上加拱的敞肩式石拱桥的鼻祖。位于河南漯河的小商桥是比赵州桥更早的敞肩石拱桥，小商桥始建于隋开皇四年（584），专家们推断此桥很有可能是安济桥的实验桥。赵州永通桥的艺术风格和结构形式与安济桥（大石桥）近似，且小于安济桥，故又称小石桥，与安济桥并称姊妹桥，始建于唐永泰年间（765—766）。河北邯郸的弘济桥，建于何时无可考，明万历十年（1582）重修，亦是一座单孔双敞肩式石拱桥，在结构设计上与安济桥大致相同，在建筑规模上略小于安济桥。

在宋代易木为石的过程中，中国石拱桥的建造并没有沿着敞肩式方向发展。历史上，北方和山区的石拱桥以厚墩厚拱为主流，江南平原地区的石拱桥则以薄墩薄拱最为典型。河北永定河上，始建于金大定二十九年（1189）的卢沟桥是现存最早的厚墩厚拱石拱桥。卢沟桥为十一孔联拱桥，拱洞由两岸向桥中心逐渐增大，桥身中央微微突起，坡势平缓。北方河流具有季节性涨落的特点，夏季洪水时流速大，冲刷严重，冬季虽水浅，但有流冰现象，故桥墩要求厚重，并设有分水尖和破冰棱，建敞肩式石拱桥的好处是可避免在水中修桥墩。北方历来的交通以陆行为主，依靠车马，载重较大，需要桥道平坦。除敞肩圆弧拱桥型较扁外，大多采用多孔联拱石桥，拱石较厚。南方山区河流，虽然不一定有流冰，但都会遇到季节性雨季，洪水时流速大，因此也选择厚墩厚拱类型石拱桥，皖南地区多孔联拱桥就是其中的典范。现存的多孔厚墩厚拱石拱桥，除了北京卢沟桥建于 12 世纪（金代）外，大部分都是明、清时代的建筑。湖州历史上，山区石梁桥也建分水尖厚墩，但几乎不见厚墩厚拱石拱桥。德清城关的南门城桥和东门城桥均为五孔石拱桥，两桥外形跟厚墩厚拱拱桥有类似的地方，比如桥墩厚且带分水尖、桥面坡势平缓。但两桥拱券是典型的江南薄拱，而且采用拱梁，通过在拱券之上加梁，从而实现桥面平缓。

拱桥有多种类型，根据拱券圆心角大小可分为三类：小于180°的圆弧形拱桥，等于180°的半圆形拱桥，大于180°的马蹄形拱桥。不管木构还是石作，中国的早期拱桥均为圆弧拱。圆弧木拱桥最早见于汉代画像石。汴水虹桥为无脚的圆弧形木拱桥。中国现存最古老一批石拱桥，是建于隋唐之际的赵州桥、弘济桥、永通桥、小商桥，均为圆弧拱桥。圆弧拱使石拱高度大大降低，可实现低桥面和大跨度的双重目的，桥面过渡平稳，车辆行人方便，同时具有用料省、施工方便等优点。但圆弧拱的运用南北有别，北方圆心角较小，为坦拱，赵州桥圆弧段圆心角不到84°，略小于1/4圆周。湖州是南方圆弧拱桥相对集中之地，共计有14座之多，均为单孔石拱桥，圆心角在150°—170°之间，我们不妨称之为微圆弧拱桥，整体弧度较为舒展，比北方圆弧拱桥高，因为桥下要行船。

根据文保部门测得的净跨和矢高数据计算：寿昌桥净跨17.4米，矢高7.16米，圆心角为158°；源洪桥净跨6.5米，矢高2.8米，圆心角为162°；杨坟永安桥净跨6米，矢高2.7米，圆心角为167°。北宋元丰七年（1084）始建的李王桥是湖州地区现存最古老的石拱桥，七道武康石拱券构筑的圆弧拱撑起了湖州最宽的单孔石拱桥，桥面宽达4.57米，微拱的桥面如公路桥，居然能供现代汽车自由出入。位于妙西妙山村六里亭的路下桥和李王桥一样，属于横跨溪涧的石拱桥，圆心角略小，桥面平缓。滨湖漊港的大漊桥、永隆桥，菱湖长寿桥，长兴唯一的圆弧拱

图2-66 李王桥,原名秦公桥,为秦侩之父秦敏学于元丰七年(1084)所建(位于安吉县递铺街道安城村)

图2-67 永隆桥(位于吴兴区高新区大溇村,湖州市文物保护点)

图2-68   长寿桥（位于南浔区菱湖镇南商林村，湖州市文物保护单位）

图2-69   兴福桥（位于长兴县虹星桥镇厚全村，长兴县文物保护单位）

图2-70　青云桥（位于德清县雷甸镇雷甸村，全国文物保护单位）

桥兴福桥，角度在 160 多度。而东部水乡的乾元清河桥、新安万善桥、雷甸青云桥、千金无畏寺桥等基本属于近半圆的圆弧拱桥，但整桥风格都带着经典的宋元气息。

　　湖州现存的微圆弧拱桥均为武康石圆弧拱桥，其中寿昌、源洪、永安、青云、李王、路下、大溇、永隆、兴福、无畏寺桥、长寿等 11 座采用分节并列砌置法，是宋代易木为石后最早的一批石拱桥。寿昌桥是长三角地区迄今为止发现的单孔跨度最大、保存最完整的宋代单孔实腹圆弧石拱桥，苏州同里的思本桥、金泽的普济桥和万安桥都是形制类同的武康石圆弧石拱桥，拱券均采用分节并列砌置法。中国石拱桥砌法不断演进，我们现在对各种砌法的称谓，都是根据前人创造的不同实物形式进行命名的，便于辨析与研究。分节并列的拱券非常具有简约之美，将一座桥的拱券石的单块体积增大而使总数减少，一座桥仅有几节券石，券石的节数一般为奇数，每节之中用数块券板并列，这是工程技术进步在桥梁建筑上的体现。分节并列是江南石拱桥最古老的砌置法，宋元的江南石拱桥均采用分节并列砌置法。德清三合杨坟升玄观前的仙桥，整桥为武康石材质，桥拱即为分节并列砌置而成，两侧的金刚墙用长条石错缝叠砌，桥直接架于两岸的石驳岸上，驳岸长 15 米，十分气派。此桥应为南宋绍兴年间（1131—1162）杨存中所建的诸桥之一，但跟其他武康石圆弧石拱桥不同，这是一座标准的半圆拱桥，这跟所跨溪涧深切但跨径又不大有关。湖州早期的宋元武康石拱桥以分节并列为主，分节并列相互之间的联结一直是个难题，所以分节平列常采取上下券石错缝连接的手法。源洪桥在修复过程中，人们发现，拱券的背面使用石蚂蟥钉来强化不同列拱券之间的联系。

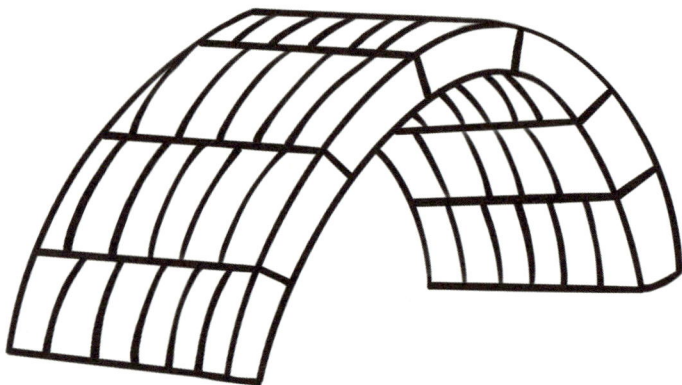

图2-71　分节并列砌置法示意图

图2-72　仙桥（位于德清县下渚湖街道上杨村宋代升玄观前，德清县文物保护单位）

图2-73　分节并列砌置的寿昌桥桥拱（位于德清县下渚湖街道二都村，全国文物保护单位）

图2-74　分节并列砌置的无畏寺桥桥拱（位于南浔区千金镇金城村，湖州市文物保护点）

图2-75　分节并列砌置的大溇桥桥拱，现已严重风化（位于吴兴区高新区大溇村，湖州市文物保护单位）

　　横联也是桥拱砌置方法之一，采用规整的长条石砌置拱券，条石纵长与桥下的水流方向一致，一道一道，错缝压砌，使全部的券石成为一个整体。这种方式砌置的拱券，其坚固程度要大大高于并列砌置的拱券。下昂山塘村的广福桥，整桥武康石材质，是湖州唯一一座采用横联方式砌置的石拱桥，其拱券采用条石横置环砌法。江南石拱桥在演进过程中，拱券的砌置在分节平列基础上发展为横联分节并列。横联分节并列砌置法是指在原先并列砌置石拱桥的每节券石之间，增加了一根横石，也称龙筋，横石的长度等同于拱券宽度，与券石连接的两面凿有卯槽，砌拱时，将券石两头的石榫插嵌其间，从而使所有的券石结合成一个整体。

　　横联石是什么时候嵌入分节并列的呢？一直到明代中期，太湖南岸还在使用分节并列技术，如湖州相邻的吴江七都的洪恩桥，单孔拱桥，整桥采用太湖青石，拱券采用分节并列法。据桥拱券题刻所载，洪恩桥重建于明成化六年（1470）。横跨胡溇的广福桥始建于元至正十四年（1354），明正统十四年（1449）重修，嘉靖十六年（1537）重建，现在我们能看到的广福桥是江苏吴江县和浙江乌程县于明天启元年（1621）联合重建的。广福桥拱券的砌置方式采用分节并列和横联分节并列两种方式，桥拱顶部三节保留了分节并列手法，两侧的四节加入了四根横联石，材质为武康石，这应该是重修、重建广福桥时对旧构件的合理再利用。德清新安舍北村的万善桥拱券的做法与广福桥如出一辙，桥拱顶部三节保留了分节并列手法，两侧的四节加入了四根横联石，整桥材质为武康石。菱湖下昂沈家浜的里兴桥建法则相反，两侧的拱券延续分节并列，顶部的拱券两侧则嵌入了两条横联石，拱券石为武康石。安吉高禹南店村的上舍桥虽为清光绪丁酉年（1897）重建，拱券的做法却跟里兴桥完全一致，只在顶部的拱券两侧嵌入了两条横联石，这样的结构应该属于重修古桥的结果。分节并列和横联分节并列两种方式并用具有明显的过渡特征。建于明天顺元年（1457）的菱湖前丘种德桥，为三孔薄墩薄拱实腹石拱桥，桥拱已是横联分节并列砌置的微圆弧拱。潮音桥于明嘉靖十八年（1539）由湖州知府魏公济始建，万历三十一年（1603）由知府陈幼学重建，桥拱已经是标准的横联分节并列砌置的半圆拱了。之后的清代、民国时期的石拱桥无论单孔还是多孔，也不论桥型是大是小，都采用此种砌置方式，与以前的分节并列比，这增强了桥的横向整体性。

湖州河网密布，平波漫流，水位比较稳定，历来交通运输依靠船只，陆上只有肩挑而少车运，所以桥上载重较北方为轻，而桥下净空由于考虑通航船只要求较高。湖州宋代武康石石拱桥都是薄墩薄拱，一般都拱顶高耸以利通航，桥面以坡道上下，称为驼峰式桥梁。河床土质松软，石拱桥要求节约用料．减轻重量，同时又能适应一定限度的不均匀沉陷。所以南方石拱桥都夯打大量小木桩以加固桥基，采用薄墩薄拱以减轻重量。在对寿昌桥做保护性重修时还发现，桥基下有许多粗大的圆木桩，有的木桩直径达 30 多厘米，至今没有腐朽。建于木桩上的桥基几乎没有走样，这也正是寿昌桥经历了 750 多年风雨不曾垮塌的主要原因。

　　湖州宋代武康石石拱桥的薄墩金刚墙采用错缝平砌，用条石砌筑桥台（金刚墙）的时候，按照古桥面阔方向摆放的条石，称为顺石，按照进深方向砌置的条石，称为丁石。宋代古桥两侧桥台（金刚墙）一般均用条石错缝平砌，使用的条石相对比较大，按照墙面面阔方向上下交错砌筑，不见后期桥梁的丁石。

　　长系石，也称长系梁、天盘石，俗称桥耳朵。石拱桥的长系石贯穿桥体，两端有榫卯结构，用于固定拱券和延长桥梁的使用寿命，其长度等于桥宽，作用是联系两侧的边墙，使松散的填料与边墙、间壁形成一定的联系，以增强主拱券的强度，在一定程度上能限制石拱受重载时的变形。长系石一般伸出桥体40—60厘米，是兼有实用性和装饰性的部件。为了进一步加强金刚墙的稳固性，还出现了"间壁石"的做法，它与桥上长系石构成框架结构。德清三合寿昌桥是长三角地区迄今为止发现的单孔跨度最大、保存最完整的宋代单孔圆弧石拱桥，共置两对间壁石、六对长系石。

　　湖州宋代武康石石拱桥显得格外通透轻灵，还在于拱桥与桥面的联结方式。比较简单的，直接在拱券之上覆盖弧形的仰天石，安吉安城李王桥、德清雷甸青云桥、乾元清河桥、吴兴大溇双桥、吴兴妙西路下桥、南浔菱湖长寿桥等都采用此方式。稍微讲究一些的，在拱券与仰天石之间加了一层压券石，德清三合寿昌桥、新安万善桥、吴兴东林源洪桥、长兴虹星桥兴福桥都采用此方式，压券石常镌刻乳丁纹。跟明清时期的拱桥相比，宋代武康石石拱桥在拱券之上，还没有出现护拱石（又称眉石或伏券），拱券顶部不见后期拱桥常见的龙门石。

图2-76　万善桥（位于德清县新安镇舍北村，全国文物保护单位）

　　湖州宋代武康石石拱桥是别致的双弧形桥，不仅桥拱为圆弧拱，桥面也呈圆弧形。之所以称为驼峰石拱桥，是因为从桥侧面远望如骆驼隆起的单峰。这如驼峰般隆起的圆弧形桥面有两种铺设方法。一是类似弧形石梁桥的铺设法，弧形微拱条石纵铺若干节，形成连续桥面，这样的桥面充分考虑了车马陆行，设计甚为合理。东林源洪桥建于咸淳五年（1269），很好地保存了宋元拱桥的原始状态，桥面两侧为仰天石弧形微拱，带折沿睑边，侧面衔接成连续弧形。中间由三块武康条石并铺而成，分三节，总体呈圆弧形。桥两端不设台阶，而是在斜铺的条石上直接凿凸棱踏步，间隔大约 80 厘米镌刻横向栿阶，此工艺被称作"马道"，具有很好的防滑功能，便于行人车马来往。长兴的兴福桥比较简单，两块武康石并排，分三节联结成其弧形的桥面。雷甸青云桥则是在两块并排的武康石中间多嵌入了一组直板，扩展了桥面，桥面平缓，桥两端亦不设台阶。胡溇广福桥桥面顶部由三整块弧形微拱的武康石并排而成。二是桥面两侧为仰天石（垂带石），中间铺设宽步浅阶的踏跺。特点是仰天石（垂带石）弧形微拱，带折沿睑边，侧面衔接成连续弧形，踏跺面宽但上下级差很小。寿昌桥即为这样的做法，两侧的垂带石同样凿出横向栿阶，栿阶与中间的踏跺并通。杨坟永安桥、新安万善桥、菱湖长寿桥的桥面也是同样的结构，只是不见横向栿阶。跟圆弧形桥面配套的是长弧形的须弥座桥栏，这基本上算是湖州宋元石拱桥的标配。寿昌桥基宽 4.25 米，桥顶面宽 2.74 米，自下而上逐层收分，桥面平面的处理别具匠心，桥顶面与桥塽坡脚也是自下而上收分，形成双曲的平面，在桥面两端与地面结合部位稍稍反曲。寿昌桥拱券部分未见大修痕迹，后期改动较大的是桥面坡度的调整，后人延长桥面减缓坡度，原南北端引桥部分现已埋入地下。

　　造型特征是古桥断代的重要依据，无论是拱桥还是梁桥，宋元桥梁桥的整体造型柔和优美，桥面包括桥栏都呈弧形，后来桥面慢慢演变成为折边形，即我们通常所说的"八字形"。明代石拱桥的桥面依旧呈明显的弧形，种德桥和潮音桥每级台阶两石并列步口特宽，台阶之间高差很小，从而使桥面形成平

图2-77 寿昌桥，典型的桥拱、桥面双弧形石拱桥

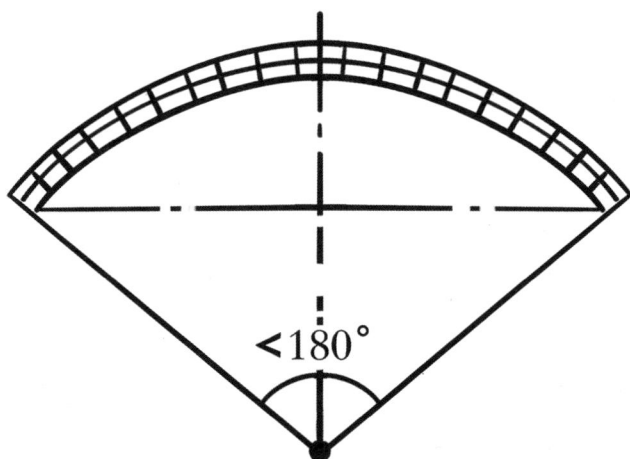

<198°

图2-78   圆弧拱示意图一

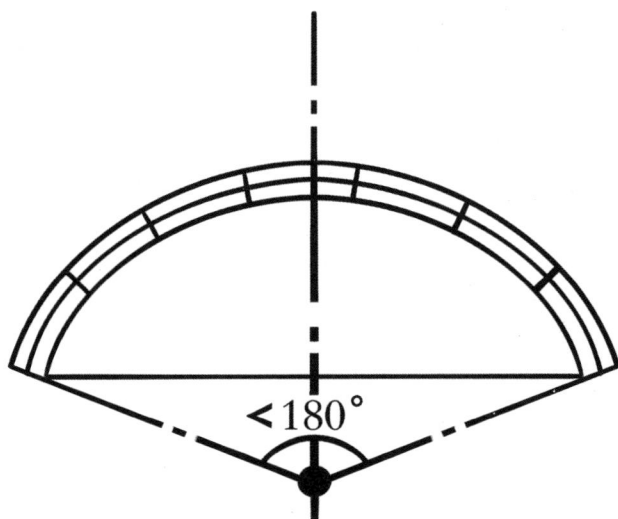

<180°

图2-79   圆弧拱示意图二

图2-80　源洪桥（位于吴兴区东林镇青联村，浙江省文物保护单位）

图2-81　〔宋〕佚名《雪山行骑图》中的双弧形石拱桥

图2-82　〔宋〕李唐《四季山水图卷》中的双弧形石拱桥

图2-83　〔宋〕赵伯驹《故宫图册》中的双弧形石拱桥

图2-84　安乐桥，八字折边形太湖石拱桥，康熙四十八年（1709）重建（位于吴兴区织里镇蒋溇村）

图2-85　光阳桥，八字折边形花岗岩石拱桥，清光绪壬寅年（1902）重建（位于长兴县太湖街道陆家圩村）

图2-86 〔宋〕燕肃《春山图》中的木构梁桥

图2-87 〔宋〕刘松年《四景山水图·冬景》中的木构梁桥

缓的弧度，赵伯骕（款）的《春山图卷》其实是晚明仿制之作，
画卷的最左端绘有一座三孔石拱桥，几乎可以看作种德桥和潮
音桥的写生之作。宋旭的《湖州十八景》中绘有"吕山汇"，
画中横跨塘港的吕山大桥是一座单孔石拱桥，同样呈现优美的
弧形。至明末清初，拱桥的圆弧形桥面开始发生微妙的变化，
拱桥顶部桥面的弧度开始消失了，演变成一个由平直的条石和

桥心石砌置的平台，桥心石多为方形，中间以圆形的旋水纹和祥云纹为主。该图案是从佛教的"卍"字延伸而出的，围绕着圆心转动，寓意为万物有序流转、潮平人安。比较讲究的石拱桥会设置两对石狮望柱，桥栏为吴王靠，两侧的落坡演变成两侧垂带石，中间横铺台阶。崇祯癸酉年（1633）重建的张官桥、康熙十八年（1679）重建的太平桥，两侧折沿睑边的垂带石依旧带有一定弧度。但康熙四十八年（1709）重建的蒋溇安乐桥，不仅桥顶面平直，两侧落坡演变为一个笔直的斜坡，两侧折沿睑边的垂带石的弧度也消失了。至此，石拱桥的侧立面由双圆弧形演变为"圆弧形桥面＋半圆形桥拱"，再演变为"折线等腰梯形桥面＋半圆形桥拱"，石拱桥的整体风格由圆润演变为方正。而且落坡的斜角角度有增大的趋势，造桥更多地考虑桥下行船的净空，桥面明显比宋元明时期陡峭得多。把湖州城厢晚明重建的潮音桥和晚清重建的潘公桥做一个对比，两者的差别是显而易见的。叠涩束腰的须弥座桥栏，先演变为线刻的类须弥座桥栏，如塘甸的浒梢桥，最后都演变为平直的素面石板，间置方正的灯形柱头，四侧雕有浅海棠纹。潘公桥和菱湖安澜桥则采用连续吴王靠的桥栏形式。

江南拱桥的演进与通航需求密不可分，因此发展出很多拱形，比如半圆形拱、薄墩薄拱等，其目的都是扩大通航净空，随着横联分节并列技术的成熟与完善，圆弧拱桥也逐渐被半圆拱桥替代了。半圆拱，是指其矢高约等于半径的拱券形式，自此江南石拱桥的发展进入了稳定阶段，除了桥型大小有别外，都只有细节上的差异了。但半圆形拱也存在明显的缺陷，虽有

图2-88　双林三桥横跨双林塘，图中由远及近依次为万元桥、化成桥、万魁桥（王成摄）

利于行船但陆上交通不便，半圆形拱用于跨度比较小的桥梁比较合适，为克服半圆形拱高桥坡陡陆路交通不便的缺陷，古人常采用多孔形式解决单孔大拱桥桥高坡陡的问题，每孔的跨度小、坡度平缓，便利陆路交通。但桥孔过多，又不利于舟船航行，也妨碍洪水宣泄。最后发展出了三孔石拱桥，其兼顾通航和陆行，成为江南运河跨航桥梁最合理的选择。双林塘横亘于镇北，是一条黄金水道，商贾云集，往来船只距镇数里即可望见横跨在河上的三座桥，自东向西依次为万元桥、化成桥、万魁桥。其中，化成桥居中，东距万元桥 225 米，西离万魁桥 122 米。在同一条河上，相距不到 400 米，连建三座大型三孔石拱桥，在中国桥梁史上实属罕见。

第三篇

一段风雅

——湖州宋桥的装饰艺术

桥梁装饰与建筑结构的有机结合

　　装饰与建筑结构的统一和有机结合是湖州宋桥的一大特点。李诫《营造法式》对石作、砖作、小木作、彩画等都有详细的说明和图样，充分说明宋代建筑在艺术形象和雕刻装饰等加工工艺方面比唐朝建筑更为讲究、更显精致。湖州宋桥利用古桥结构构件本身，做艺术化加工，使它兼有受力和装饰效果，雕刻装饰主要集中在三处：一是桥面栏杆；二是桥侧的压券石、仰天石与长系石端首（拱桥）、纵梁外沿、横帽石梁端首（梁桥）；三是桥下拱券石面（拱桥）、立柱排面（梁桥）。

　　位于乡野，或体量较小的湖州宋桥并不设栏杆，如列为全国文物保护单位的青云桥，列为省级文物保护单位的万安桥、僧家桥、追远桥、上邻桥、妙济桥等均不设栏杆。但大型桥梁，或处于交通要道之上和市镇之中的古桥，如被列为全国文物保护单位的寿昌桥、万善桥、永安桥、社桥、普济桥、兼济桥，列为省级文物保护单位的源洪桥、清河桥，列为市级文物保护单位的长寿桥（拱桥，南商林）、长寿桥（梁桥，射中）、宝蓄桥等都加装有雕刻精美的栏杆。栏杆又称阑干、钩阑，早在新石器时代就已出现。到了汉代，栏杆的运用已经较为普遍，

同时出现了寻杖、华板、望柱、地栿等构件。南北朝时期，栏
杆已基本具备后世所见栏杆的形制。其后，经过不断的发展丰富，
到两宋时期栏杆在装饰上越发繁复多样。古桥设置栏杆跟桥的
高度有着不可分割的关系，建造栏杆的意义在于可以拦住人，
以防止人们从桥梁边缘坠下，一定意义上，它就是一种安全设施。
栏杆虽然不是主体结构不能缺少的组成部分，但其作为"建筑
艺术上一个极成功的形体"，往往是建筑中"极有趣味的部分"。
桥栏的栏板、望柱、抱鼓石等部分都可以雕饰，是桥梁上装饰
最多的部位，装饰风格不一，或简或繁。湖州宋桥栏杆的设计，
综合考虑安全、适用、美观、节省空间和施工方便等，主要有
寻杖栏杆、栏板栏杆，分为镂空和实体两类，寻杖栏杆为镂空，
栏板栏杆为实体。寻杖栏杆出现相对较早，有着明显的早期仿
木构栏杆的痕迹，南宋武康石桥成熟时期的栏杆均为形制一致
的栏板栏杆，断面呈须弥座式。

　　寻杖栏杆也叫"巡杖栏杆"，是一种比较常见的栏杆式样，
其最上层即为寻杖（也称巡杖），是栏杆上部横向放置的构件。
寻杖栏杆的形制在南北朝时已基本具备，寻杖栏杆原用木料制
作，后来出现石制栏杆，但除了材料变化之外，其式样基本仿
照寻杖栏杆。乾元清河桥始建于易木为石初期的北宋治平年间
（1064—1067），其桥栏为桥中段不用望柱的长弧形寻杖栏杆，
整桥仅在桥栏南北两端各设望柱，共4个，望柱外沿支撑卷云
纹抱鼓石。清河桥石制寻杖栏杆具有明显的仿木制寻杖栏杆的
痕迹，但木制寻杖栏杆靠榫卯结构连接，而石制寻杖栏杆为整
体凿出。寻杖最初是圆形，后来逐渐发展出方形、六角形和其

他一些特别的形式，清河桥的寻杖为六角形。宋代石雕栏杆中，蜀柱斗子处在寻杖之下用来直接承托寻杖的构件，上部浮雕成云形而又略似拱，所以称为云拱。清河桥寻杖与盆唇之间也用云拱与短柱相接，该短柱名为撮顶。盆唇在撮顶的下方、花板的上方，是一个枋形构件，与寻杖平行，并与寻杖形象相仿。华板是宋代名称，大部分都有各种花纹雕饰，所以称为华板。清河桥栏板不使用雕刻装饰，也被称为勾片。地栿是处在栏杆最下层的构件，它是置于垂带石之上的横向石件，地栿在宋代的《营造法式》中又被称为地拢。清河桥的勾栏、云拱与绍兴八字桥为同一风格。清河桥的西侧桥栏年代最久远，是保存完整的宋代旧构。东侧刻有道光八年（1828）的桥栏应为重建后修补的，虽然是仿制，但还是跟老桥栏有明显的差别，云拱雕刻简单，浮雕效果不明显。寻杖与盆唇之间镂空，原始的是细长方形，而修补的明显短了很多，略呈椭圆形。无锡惠山寺前的金莲桥，为宋抗金名相李纲（1083—1140）修建，桥的旧构均为武康石材，是市内现存最古老的石桥。金莲桥距京杭运河仅 1 公里，当年武康石就是沿江南运河北上。金莲桥为三孔石梁桥，亦有寻杖石栏杆，由莲花状望柱分为七节，但栏杆只有寻常寻杖栏杆上半部，雕出宝瓶状的蜀柱，无勾片栏板。石梁侧面遍刻缠枝牡丹纹，枝叶间躲藏着憨实的化生童子，流露出浓郁的宋代石作风范。菱湖宝蓄桥畔保存有一段太湖石寻杖旧石栏，形制与清河桥桥栏相仿。宝蓄桥始建于北宋，现桥为南宋淳祐年间重建的遗构，桥栏改为须弥座式，其残留寻杖石栏应为北宋旧构。

图3-1　清河桥,宋式寻杖栏杆(位于德清县乾元镇务前街北端,浙江省文物保护单位)

图3-2　清河桥,寻杖栏杆云拱(位于德清县乾元镇务前街北端,浙江省文物保护单位)

图3-3　宝蓄桥畔残存的太湖石寻杖栏杆（位于南浔区菱湖镇射中村）

　　望柱之间只有栏板，而没有寻杖之类的构件，这样的栏杆就叫"栏板栏杆"。栏板栏杆的栏板上，可以做雕刻，也可不做雕刻，做雕刻者可以为透雕也可为浮雕，花纹美丽，增添了栏杆的艺术与欣赏性，而不做雕刻的素面栏板则光洁素雅，虽然不华美，但也自有韵致。安城李王桥是元丰七年（1084）秦桧之父秦敏学为安吉县主簿时所建，残留了数段栏板，栏板四周高出，呈浅直框式，两侧浮雕缠枝花卉，中间浮雕飞鸟。此鸟就是"鸿鹄之志"中的鸿。鸿即大雁，可引申为富贵，如鸿运当头等，刻在桥上寓意吉祥富贵。同时，取"雁"与"晏"的谐音，而且"大雁头青"，以谐音构成寓意为"海晏河清"，常用来形容天下太平、国泰民安。这样的图案在湖州宋桥比较

图3-4　李王桥，"海晏河清"纹雕刻（位于安吉县递铺街道安城村）

图3-5　绍隆桥，"海晏河清"纹雕刻（位于德清县钟管镇蠡山村，德清县文物保护单位）

少见，钟管镇蠡山村绍隆桥纵梁外沿也有类似鸿雁的雕刻。

　　湖州城厢的宋代桥梁历经多次改建改造，今已不存，但从残存的几件武康石栏板亦可管中窥豹，一睹当年的风采。19世纪60年代，菱湖达民会凤塘桥从湖州城厢桥工队仓库淘来一块武康石栏板旧构件，现竖置改为立柱，其上的纹饰为缠枝莲纹。缠枝莲纹又称为串枝莲、穿枝莲，是传统吉祥纹样之一，是一种中国传统文化中的植物纹样。缠枝莲以莲花为主体，以蔓草缠绕成图案。缠枝莲纹广泛应用在建筑物、纺织品和艺术品如石雕、木雕、青花瓷器上。此块巨大的武康石栏板以莲花为主题，用藤蔓卷草般的枝叶串联，结构连绵不断，有"生生不息"之意。格局取圆形适合，莲花和荷叶被置于主体部位，枝叶缠绕纷披，使主体花纹更见生机。整个纹样显示了华美、丰盛而多姿多彩的特色。线条繁密，构图严谨，主次分明，层次清楚、密而不乱，立体感强，浅浮雕的艺术效果十分突出。19世纪60年代，练市打铁浒北桥改建同样使用了湖州城厢的武康石栏板旧构件，框式中的纹饰是海水瑞兽纹，以汹涌波涛为地，绘海马奔逐其间，此种海兽纹为瓷器常见的纹饰。新市白彪村长发桥的栏板也很别致，须弥座栏杆内侧，浮雕太阳、海水、海兽等纹饰。苏州古城内的寿星桥上的长弧形武康石栏板为1965年从附近被拆的百狮子桥移来，呈框式，中间精雕各种姿态的舞狮九十九只，号称一百，或蹲或舞，生动形象，百狮子桥也因此得名。

　　湖州南宋古桥的栏杆都是典型的须弥座式。其栏板一般用独块武康石凿成长弧形，断面呈明显的须弥座式。长弧形的须弥座桥栏，是湖州宋元武康石拱桥的标配，寿昌、源洪、永安、

图3-6　湖州城厢武康石桥栏华板上浮雕的海水瑞兽纹

长寿（南商林）等都保存相对完整。大型的武康石梁桥也设置长弧形的须弥座桥栏，如社桥、普济、宝蓄、长寿（射中）、回仙等都很典型。须弥座，又名"金刚座""须弥坛"，源自印度，系安置佛、菩萨像的台座。须弥座台基是较为高级古建筑所采用的一种豪华型石作台基形式，俗称"细眉座"或"金刚座"，是一种上下叠涩（线脚）中带束带式的座子，《营造法式》中规定了须弥座的详细做法。须弥座桥栏其侧面上下凸出，中间凹入，正是由佛座逐渐演变而来。上下逐层外凸部分，称为叠涩，中间凹入部分称束腰，凹入明显的须弥座桥栏形似现代的工字梁。宋元之后的桥栏即使是须弥座式，也流于形式，雕琢得很浅，甚至是象征性的浅浅的线条，到清中期演变成直直的石板。

　　望柱是栏板和栏板之间的短柱，栏板、望柱间用榫连接，一般一板一柱相间相连。望柱分为柱身和柱头。望柱柱身基本

图3-7　寿昌桥，须弥座桥栏（位于德清县下渚湖街道二都村，全国文物保护单位）

图3-8　普济桥，须弥座桥栏（位于德清县钟管镇蠡山村）

图3-9　回仙桥，须弥座桥栏（位于吴兴区东林镇东明村）

图3-10　源洪桥，积雪的须弥座桥栏（位于吴兴区东林镇青联村）

上都是素面，不做雕饰，望柱柱头多雕刻各种装饰。望柱的柱
头主要有方形和圆形两种形状。望柱柱头圆雕仰覆莲瓣纹，流
行于宋元，几乎每一座有栏杆的宋元石桥，其望柱柱头都会雕
刻仰覆莲。在样式上，莲花形态各异，种类样式繁多，以仰覆
莲纹、覆莲纹、仰莲纹三种莲花形态为主。莲瓣的表现有多
种变化，或肥宽或细长，或重瓣或单瓣，有些在莲瓣间刻出中
脊，有些莲瓣变化成卷云如意的形状，不一而足。仰覆莲纹莲
瓣通常作两层，仰覆呼应。仰莲与覆莲之间，或束腰，或饰以
弦纹。莲花纹饰春秋时期已经出现，南北朝时期由于佛教文化
盛行，开始出现大量的莲瓣纹装饰，成为中国最重要的传统
装饰主题。

图3-11　宝蓄桥，仰覆莲瓣纹望柱（位于南浔区菱湖镇射中村）

图3-12   长寿桥，仰覆莲瓣纹望柱（位于南浔区菱湖镇射中村）

图3-13   社桥，仰覆莲望柱（位于德清县武康街道龙胜村）

　　湖州宋代古桥望柱以圆雕仰覆莲纹饰为主，亦有少量圆雕武康石石狮，出现时间可能略晚于仰覆莲望柱。在中国传统文化中，石狮是一种常见的辟邪物品，狮子亦是湖州古桥装饰的大宗，主要有望柱柱头蹲坐的石狮和桥栏抱鼓石卧着的俯狮。湖州古桥上留存至今的武康石石狮并不多，大钱普安桥原本有一对风化严重的武康石望柱柱头坐狮，风格带点嬉戏调皮。大钱被称为溇港龙头，绍熙二年（1191），知州事王回修溇港，易木为石，溇港区域的武康石桥主要是这次大规模整修的遗存。下昂的望晖桥有两对武康石望柱柱头坐狮，此桥相传为宋末元初的赵孟頫所建，就石狮的石材和威武端庄的风格来看，此说有较高的可信度。织里老街的狮子桥，三孔石梁，跨织溪，原名睦嘉桥。因桥堍及望柱上有大小石狮十余只，民间称其为狮子桥。桥早已被改造，但桥栏抱鼓石的四座武康石卧狮得以保留，有可能是湖州古桥上保存下来最古老的卧狮。织里市镇起自南宋，至元代沿织溪初步形成扁担街。望柱柱头装饰的坐狮是用圆雕手法雕刻成的，造型各异。石狮通常采用蹲坐的姿势，或扭头转颈，或双目圆瞪，有的口含宝珠，有的脚踩绣球，富于变化。狮子之间互相顾盼呼应，仿佛在喁喁私语。望柱柱头装饰的石狮，雌雄成双，相向呼应。雄狮右前足踏一个鞠，俗称"狮子滚绣球"，象征着征服寰宇；雌狮怀抱一只小狮子，俗称"太师少师"，象征着子嗣昌盛。

　　古桥栏杆最下端有一块略呈三角形的陡立石构件，以之稳定最下一根望柱作为栏杆的结束。这块石构件，即为抱鼓石。抱鼓石因其通常有一个犹如抱鼓的形态，故此得名。湖州宋代

图3-14　望晖桥，狮子望柱（位于南浔区菱湖镇下昂村）

石桥的抱鼓石通常保留抱鼓的形态，而在细节上多有变化。卷草卷云式的抱鼓石是最常见的，云纹一般由深到浅，或由浅到深过渡，也有由里向四周逐渐散开的云纹，一种或多种色彩深浅层次变化，使图案有立体感。卷草卷云曲折回转，富有韵律美。有些卷草卷云甚至蜿蜒至抱鼓石的鼓面。抱鼓石上也常见回纹，是被汉族民间称为富贵不断头的一种纹样。它是由古代陶器和

图3-15　清河桥，抱鼓石与仰覆莲望柱（位于德清县乾元镇务前街北端）

图3-16　长寿桥，抱鼓石与仰覆莲望柱（位于南浔区菱湖镇射中村）

图3-17　普济桥，抱鼓石与仰覆莲望柱（位于德清县钟管镇蠡山村）

青铜器上的雷纹衍化来的几何纹样，因为它是由横竖短线折绕组成的方形或圆形的回环状花纹，形如回字，所以称作回纹。

宋代武康石桥的桥面上和桥栏上常镌刻有由纵横交错的线条组成的图案，这就是"幻方"，这个蕴含着数字原理的图案，在古代被视为神秘之物。在一个由若干个排列整齐的数组成的正方形中，任意一横行、任一纵行及任一对角线上的所有数字之和都相等，具有这种性质的图，就称为"幻方"。传说中的洛书就是世界上最古老的幻方。洛书又称龟书，相传大禹治水时，洛阳西洛宁县洛河中浮出神龟，背驮洛书，献给大禹。大禹依此治水成功，遂划天下为九州。把洛书写成现在的形式，它的每一行、每一列、每条对角线上的三个数字的和都等于15。因为洛书是由三行三列组成的，所以它被称为三阶幻方。六六幻方，其纵、横都是六个数字，并且纵、横、对角线每行数字的和都是111，全部数字总和是666。古代数学知识并不普及，在老百姓眼中，不同的数字，不管怎么加结果都一样，这种事情仿佛和神灵有关，而且数字和建筑设计关联很大，所以古人对幻方十分尊敬，他们相信，如此精妙的幻方也可以起到辟邪辟鬼的功效，于是，人们把它郑重地刻在桥上，当作防灾辟邪的吉祥物。

长系石，也称长系梁、天盘石，俗称桥耳朵。长系石贯穿石拱桥的桥体，两端有榫卯结构，用于固定拱券和延长桥梁的使用寿命。横帽梁亦称盖梁，是石梁桥连接一排数根立柱的承台梁，其上搁置桥面纵梁。长系石和横帽梁一般伸出桥体40—60厘米，其端首是古桥最重要的装饰部位，典型处理方式有三种。最简单的做法是雕刻成鳌头状，带弧度的流线造型，古朴别致，

图3-18　永安桥，"六六幻方"雕刻（位于德清县下渚湖街道下杨村）

图3-19　回仙桥，"六六幻方"雕刻（位于吴兴区东林镇东明村）

寿昌桥、妙济桥都是此种做法。明代以后，逐渐过渡为素面圆头，至清代则简化为生硬的素面方头。湖州宋桥的长系石和横帽梁端首最经典的做法是减地浮雕花卉和云纹，精美的石雕刻于桥两侧双双对称，为石桥平添了几分风姿。武康石是一种火山凝灰岩，多数呈淡紫色，因为硬度适中，很适宜雕琢，最常见雕刻花卉有牡丹、莲花、菊花及忍冬花，具有浓厚的佛教意味。菱湖南商林的长寿桥、东林青山的源洪桥、石淙镇西的圣堂桥等武康石桥的减地浮雕四季花卉都保存相当完整，剔地去料，雕一朵花，花瓣造型极尽变化，生动活泼，将花卉形象雕刻出来，比较写实，立体浮雕效果非常好。长系石和横帽梁端首的减地浮雕花卉是湖州宋元武康石古桥辨识度很高的特色之一，历经

图3-20　圣堂桥，横帽石梁端面减地浮雕四季花卉（位于南浔区石淙镇镇西村）

图3-21　长寿桥，长系石端面减地浮雕四季花卉（位于南浔区菱湖镇南商林村）

数百年保存至今的还是相当常见，实属不易。

　　长系石和横帽梁上还常雕刻镇水兽，工艺繁复，造型夸张。龙常与水连在一起，武康龙尾桥宋代已有，"跨后溪因名龙尾"。环绕曲折河上之桥称作回龙桥，分港汉口上的称作分龙桥。祥龙能兴风降雨祈丰收，故有云龙桥。孽龙则兴风作浪为害一方，因此要降住它，而且要锁住，因此就有了锁龙桥。相传"禹王治水，伏九龙，命各司其事，洪水息"，《天禄识余·龙种》载："俗传龙子九种，各有所好……六曰蚣蝮，性好水，故立于桥柱。""蚣蝮（gōng fù）"是中国传统水文化中专职镇水的神兽，又名吸水兽、吞水兽、避水兽、息水兽，是神话中龙生九子之一。龙生九子这个说法由来已久，但在多年流传过程中，蚣蝮与蚆蝮（bà xià，即霸下，赑屃的别名）被混淆了，例如明叶盛《水东日记》曰："好饮者曰蚆蝮，石桥两旁俯水兽是也。"蚣蝮性好水，负责排去雨水，在建筑中多用作排水口的装饰，称为螭首散水。古人相信，将蚣蝮立于桥边，能吞江吐雨，调节水量，伏波安澜，"少能载船，多不淹禾"，水旱从人，长存永安。

　　镇水神兽蚣蝮是民俗的一种象征，反映了当时人们的思维、心愿、希冀。而且因民俗不同，神物长相也就南北有异，总之，在似与不似之间，更显镇水兽神力莫测。蚣蝮，没人说得清它的样子。头部像龙，不过比龙头扁平些，更接近于兽类，有点狮子相，头顶有一对犄角，身体、四条腿和尾巴上都有龙鳞。湖州先民在治水造桥时，在石梁桥的横帽石梁端首、拱桥的长系石端首、桥耳朵、望柱等处雕刻蚣蝮神兽，既希望它镇伏桀骜不驯的桥下水怪，护桥安全，又用它来装饰桥身。镇水兽形

图3-22   庙前桥，桥栏及横帽石梁端面雕刻（位于南浔区和孚镇荻港村）

象最早出现在湖州南宋古桥上，荻港的庙前桥、水口的唐翁桥，都是武康石材质，镇水兽都雕刻在横帽石梁的鳌头上，造型夸张古朴。虹星桥的兴福桥，当地俗称狮子桥，武康石的长系石端首刻有栩栩如生的镇水兽，十分精美，村民遂以"狮子"称呼此桥，并用以命名村子。实际上兴福桥的镇水兽形象更接近螭首散水，龙形明显。明中晚期建造的菱湖种德桥、潮音桥的

图3-23　永安桥，排柱及长系石端面雕刻（位于南浔区菱湖镇六堡里村）

天盘石（桥耳朵）为武康石雕刻的长须美髯的狮子像。杨家庄明西安桥上的武康石镇水兽已经失去了凶猛气质，凸出的铜铃般的大眼睛略带"喜感"，畎桥乾隆时期替换的横帽石梁端首的镇水兽也与此相仿。李家巷石泉的永丰桥、夹浦的丁家渚桥，金刚墙和拱券均为太湖石，拱券还是古老的分节并列砌置法，假天盘石为太湖石雕刻的吞水兽，具有明显的明代风格。康熙

图3-24   兴福桥，龙形镇水兽雕刻（位于长兴县虹星桥镇厚全村）

图3-25   唐翁桥，镇水兽雕刻（位于长兴县水口乡徐旺村）

时期的荻港秀水桥、道光时期的潞村腾蛟桥的镇水兽都是螭首散水，龙形明显，但也没有了蛟龙的威猛。随着花岗岩被大量采用，其材料硬度导致雕刻图案减少，转为简单的素面螭首。

　　湖州宋桥上缠枝纹大量出现在桥栏板的内外侧、石拱桥仰天石的外沿与端头、石梁桥桥面纵梁的侧面与端头等处。蔓草缠枝纹是中国古代传统纹饰之一，寓意吉庆，缠枝莲、缠枝牡丹、缠枝草蔓均属此类。寿昌桥南有修缮替换下来的构件，其外侧雕刻着灵动的缠枝纹，减地浮雕的效果明显。绍兴庚辰（1160）的万安桥桥面纵梁两端刻缠枝花卉。蠡山的普济桥、许联的永安桥、延祐乙卯（1315）的东林迎福桥等石梁桥桥面纵梁侧面与端头均为减地浮雕的缠枝纹，亦是以牡丹、莲花、菊花及忍冬花等为主。乾道八年（1172）的兼济桥残存中孔整石凿成0.4米高的须弥座桥栏，分成上下两节。上为桥栏，凿出凹下花瓣造型，再减地浮雕缠枝纹，非常讲究。下为桥面外侧面，中间阴刻桥名，两端阳刻花卉纹。荻港的庙前桥残存边孔须弥座桥栏，结构与兼济桥相仿，但上下两节为双石叠加而成。上半节同样凿出凹下花瓣造型，再减地浮雕缠枝纹。下半节间隔阳刻各种缠枝花卉。勾云纹，有两种，一种是阴线碾琢的小勾云纹，另一种是减地凸起的勾云纹。武康石石梁桥的边孔桥面纵梁两末端，石拱桥垂带石的末端，常见减地凸起的勾云纹。此外，长系石和横帽梁端首（杨坟永安桥、追远桥）、桥面纵梁两端（追远桥）也常见减地凸起的祥云纹，它在样式上与忍冬纹、如意花卉纹等也有相仿相通。

图3-26　永安桥，纵梁侧面蔓草纹雕刻（位于南浔区菱湖镇许联村）

图3-27　寿昌桥残构件上的缠枝纹雕刻（位于德清县下渚湖街道二都村）

信息丰富的荷叶莲花字堂

　　宋元石梁桥的立柱排面和石拱桥的拱券石上常常镌刻源于佛教幢幡样式的荷叶莲花字堂。佛家讲的幡幢，扁的叫幡，圆的叫幢，就是用布缝制、上面印或者绣了佛号、经文、咒语的装饰布条、布幅、布盖、布旗等，用以象征佛菩萨的威德，也是降魔消业障的象征。佛经上记载，建立幢幡，能得福德，避免苦难，往生诸佛净土，所以寺院、道场常加以使用。在古时候，寺庙有旗杆，旗杆上就悬幢或悬幡。别人一看有幢幡，就知道今天这里有法会。而寺庙大殿佛像前则常常悬挂幢幡。古人常将佛经或佛像书写在丝织的幢幡上，敦煌莫高窟出土类似文物甚多。幢幡是挑起来垂直挂着的长条形旗子，一般上端为荷叶，下端为盛开的莲花，中间用于书写，时至今日，寺庙还常见刺绣荷叶莲花幢幡。为保持经久不毁，后来改书写为雕刻在石柱上，称为经幢。

　　湖州宋桥上的荷叶莲花字堂上镌荷叶下镌荷莲，莲荷之间用线连接成矩形，在矩形框内镌纪年、捐款者的名字、桥建造简史等内容。整个荷叶莲花的浮雕效果突出，尤其是荷叶的雕刻极具薄意雕之韵味，极浅的浮雕刻画出了荷叶的脉络，富有画意。此类形式的字堂在湖州宋桥上比比皆是，均布置在桥下

图3-28　许联三桥，勾云纹雕刻（位于南浔区菱湖镇许联村）

图3-29　追远桥，祥云纹雕刻（位于德清县阜溪街道三桥埠村）

图3-30　万善桥，武康石乳丁纹雕刻（位于德清县新安镇舍北村）

临水的位置，唯有乘舟经过时，人们才能看得真切。江南地区武康石桥的纪年信息基本都是在这样的荷叶莲花字堂里发现的。位于吕山乡坱门村的石佛桥，为南北向两墩三孔石梁桥，东南侧桥墩立柱荷叶莲花字堂镌刻："当邑舍钱弟子王敢，同妻罗氏十二娘发心建造，岁次嘉定十二年十月初九日辛末朔旦，谨题。"此桥最初是嘉定十二年（1219）当地人王敢同妻罗氏十二娘所建，位于画溪街道（原属包桥乡）曹家桥村北杨的三登桥，为东西向两墩三孔石梁桥，东南侧桥墩立柱荷叶莲花字堂镌刻："峕皇宋嘉定十六年（1223）十二月己巳朔二十二日庚寅重建。"下昂宝蓄桥的荷叶莲花字堂镌刻："峕淳祐六年（1246），岁次丙午九月望日重建。"

荷叶莲花字堂有很好的纪事功能，包含非常丰富的历史信息。南浔菱湖射中村的长寿桥北侧排柱墩南向居中字堂镌刻有："都劝缘修职郎前监□□在车辂院章□，劝缘文林郎新监临安府都盐仓吴□，劝缘文林郎前奉国军节度推官章□施财建捐桥□□。"车辂院，官署名，宋置，属太仆寺，掌皇帝乘舆、法物，安排大驾、法驾、小驾所需各种车辆及奉引属车，按不同名位区分其先后顺序。以监官三人掌领其事。临安府，则是杭州在南宋时期的府名。北宋建隆二年（961）改望海军置奉国军，治鄞县（今宁波市鄞州区），属浙东路。综合以上信息，表明现长寿石桥始建于南宋。长兴林城畎桥荷叶莲花字堂中镌刻有文字"都劝缘檀越卢十七宣义国男卸六省元"。造桥牵头人"都劝缘檀越"姓卢，名卸六，家族排行十七。他还有两个称谓，一个是宣义国男，一个是省元。宣义郎是古代文散官名，

图3-31　三登桥，嘉定十六年（1223）荷叶莲花字堂（位于长兴县画溪街道曹家桥村，长兴县文物保护单位）

宋代元丰改制后用以代光禄寺、卫尉寺丞，将作监丞，后定为第二十七阶。金、元均不置。事实上郎官品级不高，到了宋代已经是闲散虚职，"宋实行差遣之制，诸郎又成虚衔，虽有正官，非别受诏亦不领本司之务"。宋朝置十二级封爵，开国男为最末等，食邑三百至五百户。宋代礼部试进士第一名称"省元"，礼部属尚书省，故称，又称省魁。宋王铚《默记》卷中："少年举人，乃欧阳公（欧阳修）也，是榜为省元。"元以后称省试的第一名为省元。

南浔石淙银子桥村通济桥排柱有一对雕刻手法一致的荷叶莲花字堂。南侧桥墩东侧北侧排柱的字堂文字内容辨识为："洋河坝信士王文宁助银贰拾两，祈保吉祥如意，庚子年季春吉旦。"北侧桥墩南向中间排柱字堂文字辨识为："迪功郎新安丰军安丰县主簿□泾，迪功郎前平江府崑山县主簿□□，施财重建了愿。先考签判宣义、签判通直，愿心所集福，□迎严两位□□，超升天界。"苏州作为平江府的历史始于北宋政和三年（1113），升平江军为平江府，治吴县、长洲，以昆山、常熟、吴江三县隶之，属两浙西路；元至元十三年（1276），也就是南宋德祐二年（1276），升平江府为平江路，这一年元朝刚刚占据江南的苏州。因此，苏州作为平江府的历史主要是南宋时期。南宋绍兴十二年（1142）诏升安丰县为安丰军，治安丰县（今安徽省寿县西南），以寿春、霍邱、六安三县隶之，属淮南西路，隆兴二年（1164）废；乾道三年（1167）降寿春府为安丰军，元至元十四年（1277）改为安丰路。因此，平江府和安丰军这两个地名同时使用是在南宋绍兴十二年（1142）至隆兴二年（1164），

图3-32　长寿桥，荷叶莲花字堂（位于南浔区菱湖镇射中村）

图3-33　兼济桥，乾道八年（1172）荷叶莲花字堂（位于德清县阜溪街道龙胜村）

南宋乾道三年（1167）至元至元十三年（1276）这两个时间段。这两个时间段内的庚子年只有两个，南宋淳熙七年（1180）和嘉熙四年（1240）。

　　"签判宣义"和"签判通直"都是官名的简称。"签判"是签书判官厅公事的简称。判官一职始于隋朝，唐延之。直至明清之后仍然有这个官职。但签书判官这个官职系宋代所设。宋制，凡以京官任判官者，均带"签书"衔。签书判官拥有协助长吏（现在称主官）分治本州（府、军）诸案的权利，并与长吏共同签书公文，是个权力很大的职位，品秩为从六品。王安石中

图3-34 通济桥，荷叶莲花字堂一（位于南浔区石淙镇银子桥村）

图3-35 通济桥，荷叶莲花字堂二（位于南浔区石淙镇银子桥村）

进士时，即被授以淮南签判。嘉祐六年（1061），26岁的苏轼通过了朝廷的制科御试，授签书凤翔府节度判官厅公事，简称凤翔签判，这是苏轼中进士后第一次出京师任官。"宣义"是宣义郎的简称，宋元丰改制用宣义郎代光禄寺、卫尉寺丞、将作监丞，后定为第二十七阶。金、元均不置。光禄寺、卫尉寺丞、将作监丞，可见是宫廷护卫一类的官员，而且品级不高。"通直"是通直郎的简称，始于隋朝，是加给文武臣的一种无实际职务的官衔，即散官。宋代沿袭之，为从六品。散官是与有实际职务的职事官相对的。职事官有实际职务，散官则只享受品级待遇，无实际职务。

图3-36　畎桥，荷叶莲花字堂（位于长兴县林城镇畎桥村）

图3-37　宝蓄桥，淳祐六年（1246）荷叶莲花字堂（位于南浔区菱湖镇射中村）

图 3-38 永安桥，至大二年（1309）荷叶莲花字堂（位于南浔区双林镇里塔村）

湖州宋桥的美学特征和文化意蕴

　　中国古代桥梁融技术、艺术与文化于一体，集中反映了一个时代的哲学思潮、桥梁科技、桥梁美学和民俗风情等诸多意蕴，是中国传统文化的重要载体。建筑学家梁思成认为："建筑之规模，形体，工程、艺术之嬗递演变，乃其民族特殊文化兴衰潮汐之映影；一国一族之建筑适反鉴其物质精神，继往开来之面貌。今日之治古史者，常赖其建筑之遗迹或记载以测其文化，其故因此。盖建筑活动与民族文化之动向实相牵连，互为因果者也。"桥梁专家茅以升也认为："桥梁是一国文化的表征。"湖州境内遗存的众多宋代古桥，造型简约、雕饰独特、风貌淡雅，体现了宋代文化的内省精致与理性克制，体现了宋代平淡质朴而又内涵丰富的美学精神，体现了山水清远、细腻蕴藉的区域文化特征，还包含着诸多传统人伦道德和宗教教化的内容。在两宋理学家们的努力之下，格物穷理的思维方式逐渐得到了普遍认可，宋代美学强烈的人文精神，以及至纯至雅的独特风貌，成就了中国审美之源。整个宋代的审美开始由丰腴转向纤廋，由宏丽趋于平淡，追求质朴无华、平淡自然的情趣韵味，对后世产生了深远的影响。

　　湖州宋桥注重整体谐和，追求对称协调之美，风格内敛，克制不张扬，中和而不奇崛，这与理学追求的礼仪文化高度契合。无论拱桥还是梁桥都给人一种匀称悦目、统一整齐、庄重稳定的美感。石拱桥圆弧形的桥孔，石梁桥成单数的桥孔都是按中轴线对称分布的。桥面、桥栏、望柱、抱鼓石等也是两两相对、左右分置，前后对称，间距排列有序。各细节之间的协调是儒家文化的中庸之道、中和之美的体现，突出了人与自然、感性与理性及各种形式美因素的协调统一，给人以愉悦、轻松的审美快感。谐和不仅仅在桥自身，而且表现在它与周围环境的关系上：河边的村庄和房屋，那是块和面；流水，那是长线、曲线，线与块面组成了对比美；桥与流水相交，更富有形式上的变化，它是沟通线与面之间的媒介。所有的湖州宋桥，只有大小高低

图3-39　妙济桥，五孔大跨径弧形石梁桥（位于吴兴区东林镇星敏村）

之别，技术一致，造型一致，风貌一致，中规中矩，没有讶奇怪诞的造型与张扬的个性。湖州宋桥还具有明显的模块化、类型化倾向，建筑构件开始标准化，如上小下大略有收分的立柱、由两端逐渐向中间增厚的弧形石梁等。建筑设计施工达到了一定程序的规范化，很多技术在拱桥梁桥上实现了通用，如拱桥桥面亦以长弧形条石纵向铺就，这与梁桥桥面长弧形条石纵铺的技术和做法相同，桥面纵梁的边缘做成垂直的折沿形（睑边），与宋元拱桥上的仰天石、垂带石侧面的折沿风格和造型一致。

宋代古桥在技术特征、造型风格与装饰工艺上的一致性，在钱塘江两岸更大的区域范围内得以体现。绍兴光相桥，元至正元年（1341）重建，拱券条石纵向分节并列砌筑，为典型的圆弧拱桥，拱券石上镌莲花座图案，桥上置实体栏板，断面呈须弥座状，栏间有覆莲石雕望柱等，这与湖州武康石石拱桥形同"姊妹"。相隔更远的宁波宁海县西岙村有通德桥、祠堂桥、寺前桥三座宋代石拱桥，桥面都呈弧形，通德桥设弧形须弥座桥栏，寺前桥有减地浮雕花卉纹等特征，与湖州武康石石拱桥的相似程度极高。宁波石壁墩梁桥只有鄞州区的大涵山桥、昼锦桥、浣花桥三座，是宁波最古老的石梁桥。据康熙《桃源乡志》和民国《鄞县通志》记载，浣花桥是宋乾道六年（1170）所建，没有重修，大涵山桥墩石设于元延祐六年（1319），昼锦桥墩石设于明嘉靖四十年（1561）。此三桥的桥墩技术和造型特征与湖州的武康石石梁桥完全一致，与宁波明清石梁桥的叠石厚墩截然不同。或许在宋代，关于桥梁的建筑也有类似《营造法式》这样的总结性著作，江南地区那么多宋元石桥都形同"姊妹"，说明其建造过程已经有了标准化和规范化的趋向。

单纯素朴、文质简约是宋代的美学特征，亦与宋代理学的盛行有关。湖州宋桥简约而不简单，极简而不炫技，高度精谨而又形意兼备。所谓极简，是一种哲学态度，更是一种美学语言。宋朝人用墨画画，烧单色釉瓷器，瓷器多以釉色、器形取胜。湖州宋桥也以颜色与桥形取胜，形成了一种质朴之颜、纤细之体的独特风貌。在古代，紫色象征着祥瑞，武康石在自然状态下多呈淡紫色，表面一经风雨侵蚀就氧化成美丽的紫色，符合宋人的审美情趣。而且武康石湿润的岩体常有藤蔓攀缘，苔藓衍生，给人以古朴之美。

湖州宋桥含蓄、宁静，以简代繁、以空代实。与北方及江南山地古桥的敦厚、拙朴不同，湖州宋桥显得通透、高挑，梁桥采用的是排柱薄壁墩，从侧面看就是几根线条，很多乡间梁桥没有桥栏，显得格外轻灵，拱桥都是薄券薄墩桥，显得灵秀逼人。湖州宋桥凸显一种几何线条美，从形式上看是由线条和几何块状组成的，直线坚挺深远而曲线柔和多变。石拱桥圆弧的桥洞、方的石块、弧的桥背，方、圆、弧之间相处和谐、得体。湖州宋桥乍一看就是极简的线条，其实是有扎实的技术为支撑，轻灵却符合力学原理。在结构上，寿昌桥充分依赖了圆形拱券的支撑力量，虽然桥体高阔，中段却很纤细，平面有优美的收分。湖州宋元的武康石石梁桥明显比明清时期的花岗岩石梁桥高大得多，而且能保存沿用千年，其石材之优越、技术之精湛由此可见。湖州宋桥装饰风格以隐为特征，装饰与结构完美统一，融为一体，远望结构极简，近观装饰极繁复极细腻。

图3-40 寿昌桥，长三角地区单孔跨径最大的宋代双弧形单孔石拱桥（位于德清县下渚湖街道二都村，全国文物保护单位）

局部放大

局部放大

0　　　　6米

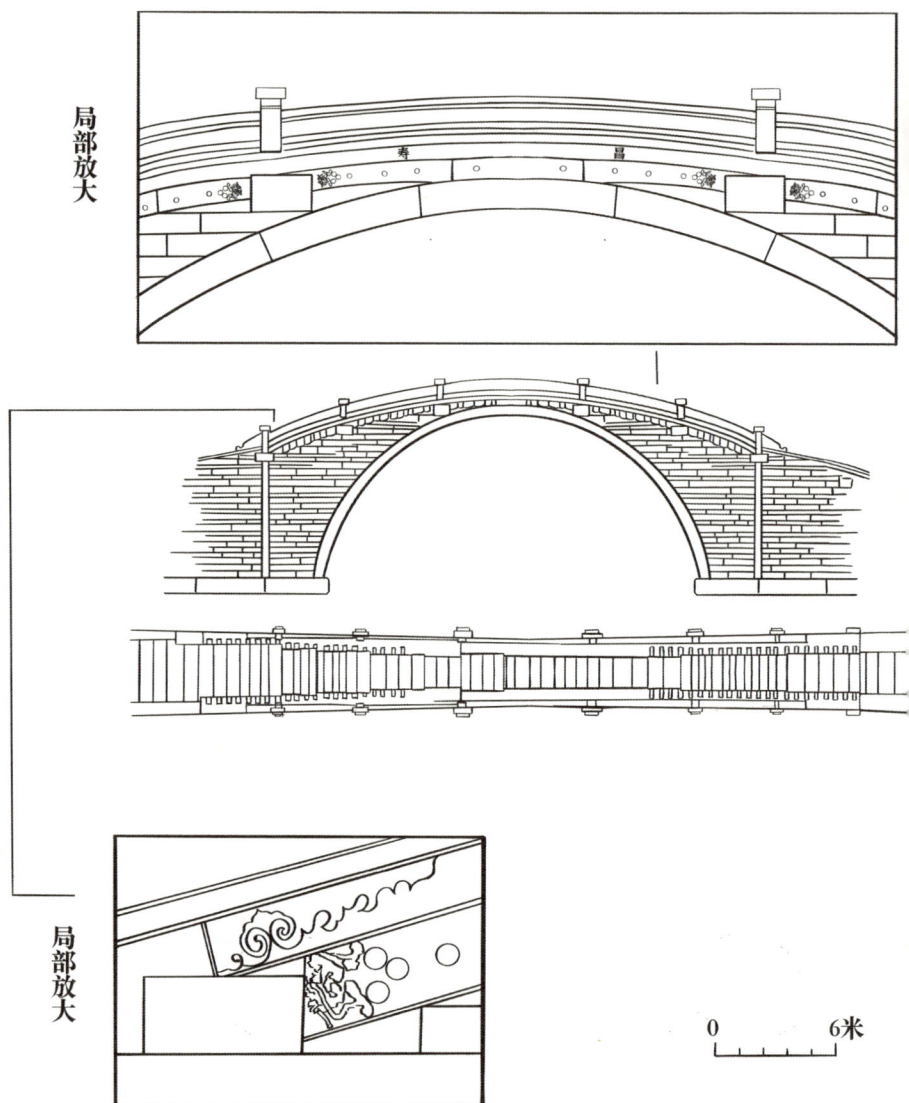

图3-41　寿昌桥平、立面示意图

图3-42　寿昌桥，对称的桥面

图3-43　寿昌桥，匀称悦目的桥顶

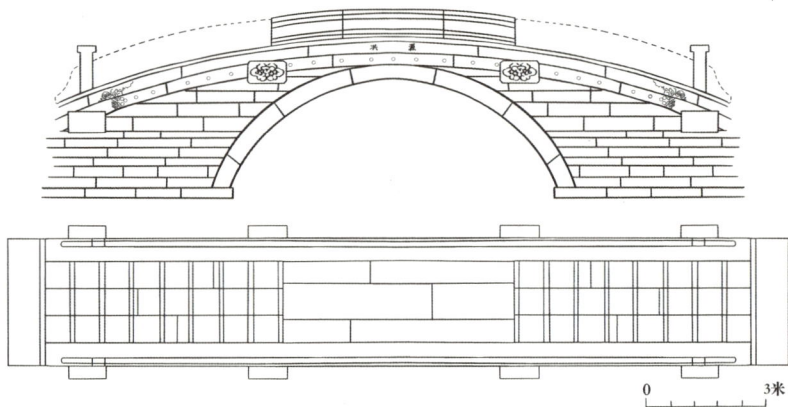

0 ———— 3米

图3-44 源洪桥平、立面示意图

图3-45 源洪桥，匀称悦目的桥顶（位于吴兴区东林镇青联村）

图3-46　万善桥，对称协调的桥顶（位于德清县新安镇舍北村）

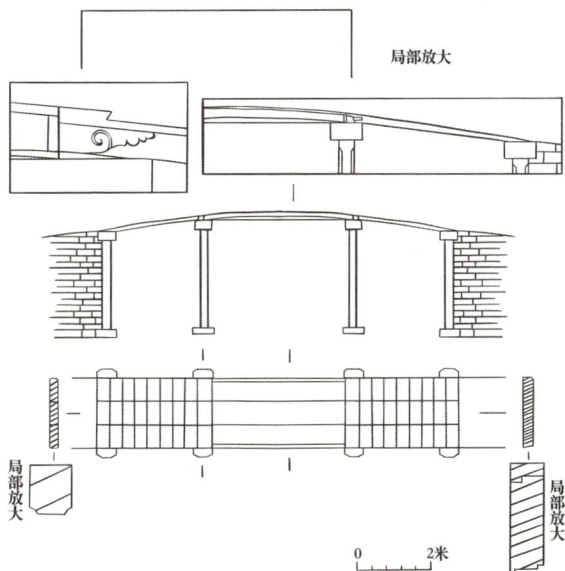

图3-47　僧家桥平、立面示意图（位于德清县武康街道五龙社区）

图3-48　普济桥，对称协调的中孔（位于德清县钟管镇蠡山村）

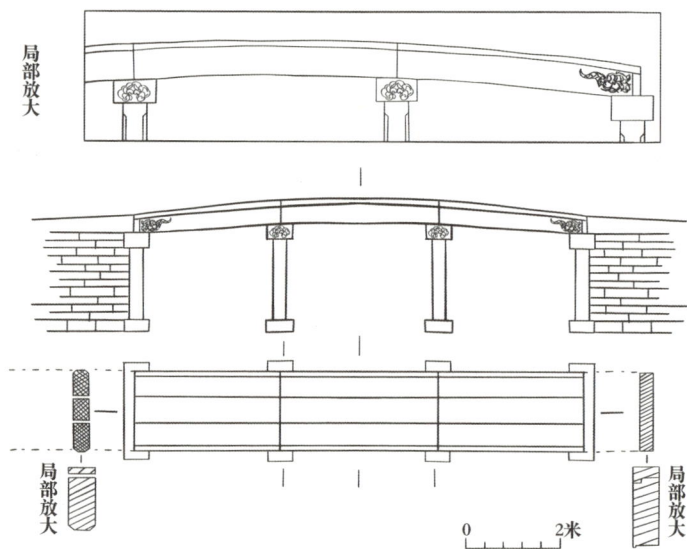

图3-49　普济桥平、立面示意图

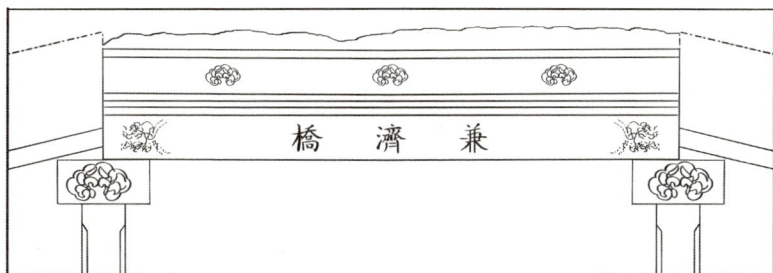

图3-50　兼济桥立面局部示意图

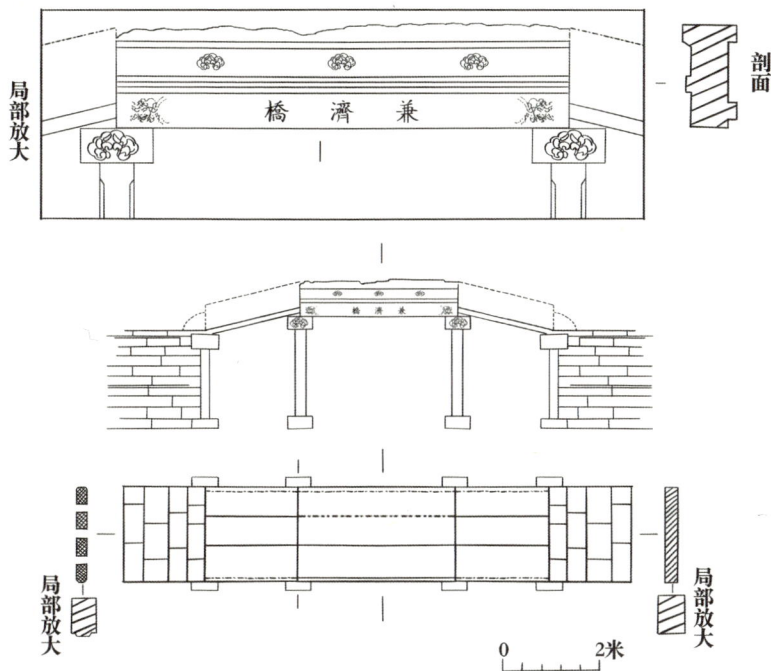

图3-51　兼济桥平、立面示意图（位于德清县阜溪街道龙胜村）

图3-52　宝蓄桥，对称的桥面（位于南浔区菱湖镇射中村）

　　宋代文化在雅俗互通上体现得十分充分，随着商品经济的不断发展以及市民文化的大量兴起，文化趋向于世俗化，逐渐形成了雅俗共赏的时代特点。湖州宋桥之雅首在形，拱桥拱券以分节错缝并列砌置的圆弧形为特点，呈弓形，宛如水中的皎月。大型石梁桥的桥面，同样呈大弧度的圆形曲线，远远望去，宛若长虹卧波。湖州宋桥之雅还在于雕刻之精美，可以说其代表了当时的最高技术水准，体现了当时的主流审美情趣。湖州宋桥上的桥栏、望柱、纵梁外沿、排柱、长系石、横帽石梁等处，都可以看到大量精致的武康石雕刻作品，雕刻入石三分，线条流畅灵动，富有立体效果。宋桥之雅还在文人赋予的无形之风雅。茅以升先生在《桥名谈往》中，谈到我国古时桥名时说："总

图3-53　萧公桥（位于德清县阜溪街道龙胜村）

图3-54　谢公桥（位于德清县阜溪街道皇觉寺遗址前）

要有些文学气息，或是纪事抒情，引起深思遐想；或有诗情画意，为之心旷神怡。"菱湖下昂原名柳溪，是赵孟頫生母邱夫人娘家所在地，宋元纷乱之际，年轻的赵孟頫曾在柳溪外婆家隐居多年。东西向的村河上有相望的一对古桥，东桥名望晖，西桥名听月，相传两桥名即赵孟頫所题。听月是用"心"赏月的一种平静心态，一种忘我境界。南宋辛弃疾有《听月诗》，描写依楼听月的清新雅致，"听月楼头接太清，依楼听月最分明"，在下昂则是"桥高接太清，依桥听月最分明"，让人久久回味个中意蕴。桥名是阴刻的书法作品，字体以楷书最为常见，遒劲有力，双勾线阴刻则更显雍容大气。

湖州宋桥还记载了众多的文人雅事。德清武康龙胜的萧公桥、谢公桥是与沈约有关的一对纪念建筑。沈约是吴兴武康沈氏最杰出的人物，历仕宋、齐、梁三朝，以诗、文、史著称于世，梁武帝萧衍、谢脁与沈约同为"竟陵八友"。皇觉寺是沈约先祖沈戎故宅（沈戎舍宅为寺），寺前小河有三孔梁桥，以武康石建造，无桥名题记，宋桥风格，当地人称之为谢公桥。从沈戎故宅往北不足5里，清道光《武康县志》记载："吴兴庙，在县东北二十五里前埠村，祀建昌侯沈休文，俗称吴兴土地。"《武康县志》又载："萧公桥，在县东北二十四里，吴兴土地沈休文庙前。"萧公桥保存较完整，为三孔梁桥，古藤缠绕，石质为武康石，形制古朴，位置与"吴兴土地沈休文庙前"相符，按其形制风格也是宋代古桥。南浔菱湖射中永兴桥原位于六朝古寺鹿苑寺前，俗称寺前桥，全武康石材质，具有鲜明的宋代特征。"鹿苑寺在射村，梁大同元年（535），处士夏份舍宅建寺，

图3-55　回仙桥（位于吴兴区东林镇东明村）

后废。唐大历三年（768），沙门明哲募缘请重建，诏赐名永兴寺……又云郡守工部尚书颜公篆额，即颜真卿也。"

　　东林山是天目东迤的分脉，东林老街的回仙桥，是东西向的三孔石梁桥。回仙桥是一座富有传奇色彩的桥梁，早在宋代就有大量文献记载，现在的桥面历经重修，是三根武康石纵梁中嵌两组直石板的结构，而桥墩由五根武康石石板立柱并列密排竖置，上有荷叶莲花字堂，可惜字迹湮灭难以辨识，西侧紧靠金刚墙的边孔桥墩的横帽石梁端首刻有精美如意花纹，桥面两侧为武康石长弧形须弥座桥栏，都具有典型宋桥风格。《东林山志》载："回仙桥，在山东，沈东老故址之西，昔回山人至此乘风而去。宋湖州太守苏轼因以名之，手书刻石。"沈东老名思，系北宋著名的藏书家。苏轼曾赋有《回先生过湖州东林沈氏，饮醉，以石榴皮书其》诗，诗前有题记云："回先生过湖州东林沈氏，饮醉，以石榴皮书其家东老庵之壁云：'西邻已富忧不足，东老虽贫乐有余。白酒酿来因好客，黄金散尽为收书。'西蜀和仲，闻而次其韵三首。东老沈氏之老自谓也，湖人因以名之。其子偕作诗，有可观者。"苏诗如下："世俗何知贫是病，神仙可学道之余。但知白酒留佳客，不问黄公觅素书。符离道士晨兴际，华岳先生尸解余。忽见黄庭丹篆句，犹传青纸小朱书。凄凉雨露三年后，仿佛尘埃数字余。至用榴皮缘底事，中书君岂不中书。"吕洞宾"榴皮留诗"的故事传诵了一千多年，影响了一代又一代文人。先是苏东坡游东林，读了榴皮诗，留下诗句和桥额。继而，历代官宦名流和诗者七十余人，和诗多达一百余首。元代赵孟頫有手书小楷《东林山回仙观沈东老传》传世，记录了东林沈东老安贫乐道、慷慨洒脱的生活。

湖州还有一座极简的单孔石梁桥，却很特殊，因为它是宋初著名理学家、安定学派创始人胡瑗先生的墓前泮桥。宋嘉祐四年（1059）农历六月初六日，胡瑗于杭州辞世，次年十月初五，其长子胡志庚扶灵"葬乌程何山之原"。胡瑗的墓地处，三面环山，松木葱葱，景色幽雅，昔为游览胜地。胡瑗墓神道长约200米，翠柏夹道，神道中段还有一道溪涧，上架一座单孔石梁桥，桥面由两块武康石梁并排而成，石梁从两端向中间依次增厚，带折沿式睑边，是典型的宋代石梁桥风格。神道尽头是一座小山，墓葬依山而筑，颇见气势，第三级平台筑有一道弧形石墙，中间是圆形石砌墓冢，墓顶绿草如茵，颇有生机，墓碑刻"安定文昭胡公之墓"。曾任湖州知府的苏轼亲至墓前凭吊，写下了《谒安定先生墓》诗："伟哉安定叟，倡道孰与京。深悟一贯旨，体用授诸生。施教各以类，诜诜尽才英。俱成桷与榱，致用良匪轻。所以苏湖士，至今怀令名。我来起肃敬，为采湖之蘅。"

湖州宋桥雅致而不脱俗，极雅致的雕刻表达却是百姓最朴素的祈愿，"海晏河清""生生不息"，都真实地反映了老百姓的美好祈愿，天下太平，民生安定，生活安康。在生产力低下靠天吃饭的时代，农民把握自己命运的能力很低，再加以战乱匪患频仍，崇安求安是古代农民最朴素的向往。湖州现存古桥中除了永安桥外，还有30多座桥名带"安"字的古桥：平安、长安、安定、保安、广安、万安、普安、安乐、乐安、安庆、庆安、泰安、众安、久安、安康、安丰、安澜……中国有数千年的农耕文明史，"五谷丰登"祈愿始终寄寓着人们对农业丰收与美好生活的向往。湖州有着花样百出的"丰"字古桥：永丰、长丰、年丰、丰年、新丰、丰盛、丰登、丰和、益丰、庆丰、丰乐、丰熟、瑞丰……还有大批赞美农稼丰收的古桥：常熟桥、盛稼桥、乐稼桥、宜稼桥……"五福临门"是中国古代最美好的祝愿，湖州现存的古桥真可谓是幸福、长寿、健康、富庶、安宁、添丁诸福齐备。"龙凤呈祥"是最为吉利喜庆的事，龙、凤都是传说想象中的动物，不仅形象生动、优美，而且被赋予许多神奇的色彩。龙能降雨祈丰收，又象征皇权。凤凰风姿绰约高贵，是吉祥幸福的化身。

湖州现存的古桥中，以"永安"命名的有30多座，而且

图3-56　永安桥（位于南浔区菱湖镇许联村，湖州市文物保护单位）

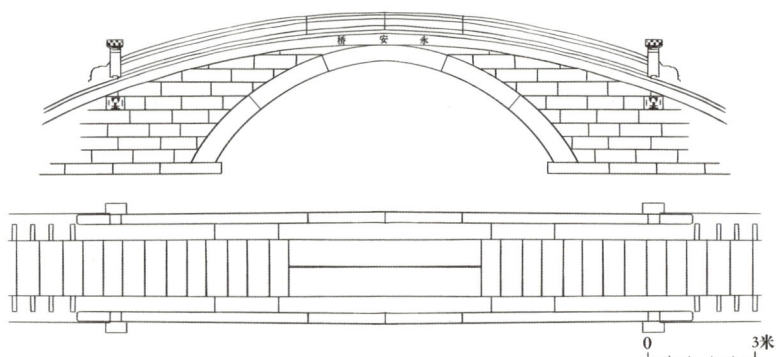

图3-57　永安桥平、立面示意图（位于德清县下渚湖街道下杨村）

大多是宋元风格鲜明的武康石桥。南宋偏安东南，百姓似乎特别祈盼永安。德清三合杨坟的永安桥是一座南宋石拱桥，是国家文物保护单位德清古桥群之一。杨坟因和王杨存中（1102—1166）生前居于此，死后葬于此而得名。"常照院在菁山，建炎（1127—1130）中僧梵隆建"，在通往常照寺的古道有一对单孔武康石永安桥，其中红里山路口的"重兴永安"古桥桥面积满了浮土，长出了杂木，但更显古朴苍劲。紧邻菁山的下昂一带也有两座宋风永安桥，均为三孔石梁桥。一座位于许联村水东自然村，整座桥为武康石材质，是典型无石阶弧形虹桥，桥面梁外侧雕刻流畅的缠枝纹。另一座位于六堡里村柏果树自然村东北，横帽石梁和立柱均为武康石材质，横帽石梁端首的花卉雕刻，立柱上的荷叶莲花字堂都非常精美，是典型的宋风。

图3-58　三登桥（位于长兴县画溪街道曹家桥村）

石淙，又名石冢，位于河道纵横、土地丰腴的东部平原的腹地，南宋时途经石淙的水路是沟通荻塘、双林塘河澜溪塘重要支脉。石淙一带是东部平原南宋武康石桥梁最为集中的地方，圣堂桥、安庆桥、通济桥、庆元桥等都宋风鲜明。与石淙交界的重兆张村永安桥，为三孔石梁桥，中间桥墩为四根武康石排柱，有荷叶莲花字堂，在河岸边还发现须弥座桥栏，是建于淳熙十四年（1187）的典型南宋石梁桥。

关于丰收最美好的祝愿是"三登"，指连续 27 年五谷丰收，天下太平，这是中国古代从皇帝到士大夫再到平民百姓的共同理想和追求。《汉书·食货志上》云："三考黜陟，余三年食，进业曰登；再登曰平，余六年食；三登曰泰平，二十七岁，遗九年食。"南朝梁沈约《劝农访民所疾苦诏》："三登之美未臻，万斯之基尚远。"北魏郦道元《水经注·耒水》："（便县）县界有温泉，在郴县之西北，左右有田数十顷……温水所溉，年可三登。"金蔡珪《雪拟坡公韵》："丰年待作三登兆，暮景重开六出花。"湖州现存两座三登桥，均始建于南宋。长兴原包桥乡北杨村的三登桥，桥墩排柱石上有莲花纹饰的字堂，上有嘉定十六年（1223）重建纪年。新市梅林三登桥，为三孔石梁桥，整桥为武康石材建造，南宋袁说友、张严、王大有"皆寓居此，相继登第，里人荣之故名"的记载，使三登更有了科甲连登的美好寓意。德清澂山村有悠久的历史渊源，有龙山、凤山的传说，山下有石拱桥，名为凤凰桥，即古兴国桥，康熙《德清县志》记载，其始建于宋嘉定年间。古兴国桥形制规整，楹联雅致。桥身有两副楹联：其一为"并宋修明，日映上坛之浦；

登龙跨凤，云连长谷之津"，说的是古兴国桥的由宋及明的历史与登龙跨凤的地理位置；其二为"祥开五福亘此千秋；荣启三登题同万里"，"五福""三登"，那是古代社会最美好的祝福。

我们常说的"缘"，是一个很重要的佛教术语，一切有为法都是因各种因缘而成。庙与桥自古就有着不解之缘，很多寺庙前后左右常建桥梁，于是就有了前庙桥、后庙桥，东庙桥、西庙桥之名。庙桥景观是江南水乡的一大特色，至今保留的大量庙桥地名，庙桥镇、庙桥村、庙桥港即为明证。湖州一带有俗语"有桥必有庙，庙前必挑桥"。嘉定十一年（1218）所建的荻港庙前桥的命名方式就很直白，因为其位于荻港演教寺前。嘉泰《吴兴志》记载了不少宋代庙桥："通灵王庙在甘棠桥，与桥相直"，桥与庙连为一体；"楚帝桥，在湖州府子城北近楚帝庙"，另庙前有小桥，曾被误认为是楚帝桥；"黄浦桥在乌程县宝积寺前"；"天宝桥在（德清）县东清移村防风庙北"；"（武康）清河桥……南通慈尼寺"；"今（郭文）祠堂南有郭林桥"。此外，湖州城城厢的城隍庙桥、曹公庙桥、报本桥、飞英桥，均为庙与桥同名。上述记载虽简略，但足以表明庙与桥的密切关联。两宋时期，宋代学术的开放性、兼容性和创造性，为儒、释、道三教理论的发展创造了有利的条件。北宋哲学家将儒、释、道进行了调和，孕育出中国古代社会最完备的新儒学体系——理学。这个时期的儒家学者们以儒学为本位，援佛入儒，引道入儒，有"三教之设，其旨一也"的说法，也有"以佛修心，以道养生，以儒治世"的号召。在宋代桥梁的建设中，可以明显地看到佛教、道家文化对其的影响。

　　当然，不见记载，遗落在历史深处的庙桥、观桥就更多了，我们把嘉泰《吴兴志》的历史记载和现实遗存衔接起来考证，依旧可以大致复原出当年的某些初始状况。德清杨坟的升元报德观，"在县东南禺山之麓，绍兴二十六年（1156）和王杨存中建"，并没有关于桥的信息。一直到明嘉靖《武康县志》才出现有关桥的信息："俞家桥、仪桥、登云桥、潮音桥，俱县南三十五里。上四桥，宋绍兴二十六年（1156）和王杨存中建。"《武康县志》同时记载："资福寺，在翔凤山，唐季古刹也。宋绍兴二十六年（1156）和王杨存中重建为功勋院。高宗在驾亲临，改赐显忠崇孝资福寺。"上述四桥与观、庙都是绍兴二十六年（1156）所建。如今升玄观、资福寺遗址犹存，杨坟还能找到

图3-59　庙前桥（位于南浔区和孚镇荻港村）

永安桥、禹桥、望仙桥、娘娘桥、仙桥、响水桥、升元观桥等
多座宋代风格的武康石古桥。进升元观首先要经过横跨禹溪的
仙桥，此桥为单孔石拱桥，与驳岸连成一体，全武康石材构筑。
仙桥有可能就是杨存中建的登云桥。穿过茂密的修竹林便是升
玄观，观前石池有一顶小巧玲珑的石拱桥，桥池畔常有道家举
行得道成仙诸仪式，此小桥即为仪桥确证无疑。

　　千金无为寺、新市永宁寺，都是东部水乡始建于六朝的古寺。
"无为寺，在县东南福增乡千金里，晋王衍舍宅建。"如今寺
已不在，但讹为无畏寺桥的单孔石拱桥还在，主体石材为武康石，
拱券做法为分节并列错缝，桥上原有须弥座桥栏，均为宋元桥
常用的做法。"永宁院，在县东北三十六里白彪村，南朝齐永
明元年（483），丹阳太守沈豫舍宅建，唐咸通中复，赐今额。"
永宁寺保存有唐代的经幢，寺西的三孔石梁桥虽为清代重建，
但带睑边的武康石梁具有明显宋代风格，排柱上的荷叶莲花浮
雕也非常别致。"习善寺在（长兴）县西南百十四里，齐永明
元年置，本朝（指宋朝）祥符中增修，有释灵采记。治平二年
（1065）改为证心院，后复今名。"当地老百姓习惯叫作澄心寺，
在寺西的溪涧上有一座三孔石梁桥，武康石质的桥墩立柱有莲
花字堂，完全是宋元一派的风格。此外，菱湖射中鹿苑寺前宽
大的永兴桥，菁山常照寺前的永安桥，都是典型的武康石宋桥，
都能与宋代佛寺一一对应。

　　宗教对古代桥梁建设的影响远不止庙桥，修桥铺路的善念
和善举影响更广。"修桥铺路，行善积德"是古训，从古至今，
修桥铺路都被老百姓看作功德无量、造福子孙的好事。佛教于

图3-60　积善桥（位于长兴县洪桥镇涧湾村）

六朝时传入湖州，于唐宋盛行。嘉泰《吴兴志》记载的宫观有19座，祠庙有57座，寺院则多达200余座。桥梁在佛教中，除了现实的意义之外，还有重要的抽象意义。桥梁连接着河的两岸，过桥即是由此岸跨向彼岸，佛学有"法桥"之说，比喻佛法能使人渡过生死之大河，犹如桥梁。"建此般若桥，达彼菩提岸"，具有般若（智慧）修成正果，方可达到解脱的彼岸。将桥比为般若，这是佛教延伸了桥在现实世界中的作用，从而赋予桥在佛教教义中特殊的意义。《佛说三世因果经》系民间信仰通俗读本，其行文风格类似于民间浅白的歌谣形式，宣扬的内容是三世因果报应，其目的是劝人向善，其中也有"骑马坐轿为何因，前世修桥补路人"的说法。

图3-61　普济桥对称的抱鼓石与仰覆莲望柱

图3-62　万善桥对称的须弥座桥栏与仰覆莲望柱

　　把佛门教义和民间建桥联系起来，把世俗对修桥补路称作善举与佛教所称功德结成一体，信众们也愿意为了信仰捐献财物用于建桥。我国佛教徒有热心筑路造桥的优良传统，历代绵延不衰。宋元以降，僧众发愿建桥，信众捐款造桥，在湖州城乡蔚然成风。超过三分之一的湖州古桥上有捐助题刻，织里姜王里太平桥、菱湖达民广济桥，甚至每块拱券石上都刻着捐献者的名字，很多桥干脆以"积善"名之。嘉靖《武康县志》记载的80座桥梁中，由和尚发起募化助造的桥有26座之多（另有道士募建的2座），大多数为南宋时期建造。其中"宋咸淳间邑人姚智建"的寿昌桥，"吴元年邑人朱寿建"的社桥，保存至今，被列为全国文物保护单位；德清莫干山镇的追远桥为宋绍熙间僧慧灯所建，武康镇的万安桥为宋绍兴间僧善诚所建，被列为浙江文物保护单位。在湖州，还有不少古桥直接以"观音"命名。在湖州织里、双林等地还有多组观音桥与观音庙的组合，形态环境各异。

佛教文化深入世俗，在湖州古桥上打下了深深的烙印。最明显的是桥梁的装饰上随处可见佛家图案的印迹。佛教与桥梁，在历史上"合作"了1500多年，是十分耐人寻味的。湖州古桥在发展过程中的整个雕饰具有泛佛教化倾向，尤其是现存宋代武康石桥梁多将桥栏板雕刻成须弥座式，这一造型就是从佛像基座式样借用而来的。古桥雕饰题材很多在佛教传入之前就已有，原本与教义没有直接关联，但后来被佛教大量地应用并赋予新的形式和寓意，其中莲花最为典型。莲花俗称"佛花"，莲瓣纹是佛教文化影响下流行的纹饰。狮子是兽中之王，中国原本没有狮子，但其却成为中国古桥上最普及的瑞兽。其他大量出现在宋元古桥上的旋涡纹、缠枝纹、卷草纹、云纹等，或多或少都受到了佛教的影响。

浓厚的道教文化亦对古桥建筑产生了深刻的影响，古代石桥作为道路的结合体，跨越河流、峡谷、深涧、小溪，自有一种人工的超自然力量，因此桥经常被作为人和神之间的纽带或中介，在民间信仰与巫术中，被视为众神来去升降的必经之路。在许多民间传说里，仙与桥的关联，不仅表现在桥常是众仙出没的所在，还表现在建桥工程往往也是众仙热心指点所成。所以说，桥不仅沟通了人与人，还沟通了仙与人。道家羽化飞升的神仙之说，有很多与桥密切关联的故事。嘉泰《吴兴志》载："望

图3-63　圣堂桥（位于南浔区石淙镇镇西村）

图3-64　永丰桥，俗称圣堂桥（位于德清县钟管镇干村）

仙桥，在湖州府子城西三里。《统记》云：'昔道人马自然上升，居人拥桥观望，今废。旧云故老相传，桥在白塔巷口，有酒肆焉，自然时至赊酒，一日醉出，囊中药点铁器为金，以酬酒债，已而升去，人登此桥望之，因以得名。'"东林东明村的回仙桥，嘉泰《吴兴志》引《回道人回仙录》云："已而告别东老，启关送之，天渐明矣，握手并行矣，约异时之集，至舍西石桥，回公先度乘风而去，莫知所适。""回山人"即吕洞宾，舍西石桥即"回仙桥"，宋沈偕《回仙桥诗》云："桥边华表鹤，曾见吕仙游。羽化今尘迹，滔滔水自流。"古时造桥殊非易事，造桥者的事迹广受世人尊重和赞扬，同时世人也常取带有"仙"字的桥名，臆想虚无缥缈的"仙迹"，祈盼以带有宗教意味的传说故事，来宣传和弘扬鬼斧神工的造桥技术，使之代代流传。这是道家文化自然融于桥文化的一种现象。

两宋乡间的道教宫观常俗称"圣堂庙"，湖州现存古桥有超过10座以"圣堂"名之，还有不少圣堂村、圣堂港、圣堂庙和圣堂桥的组合。长兴虹星桥的钱家圣堂桥是独块武康石铺就的三孔"连续简支"石梁桥，桥面梁呈明显的弧形且带睑边，桥面石凿出凸起的横向栬阶，是典型宋风梁桥。桥东北侧余爵桥村原有圣堂庙，旧时有三月半举办圣堂庙会之习俗。织里镇骥村村东港埭自然村圣堂庙旁有一座单孔石拱桥圣堂桥，骥村早在唐宋时期即为获塘上很重要的邮递铺。石淙镇西村西汇角自然村的三孔石梁桥圣堂桥，从横帽石梁的精美减地浮雕花卉来看，也是南宋的遗构。钟管干村永丰桥，俗称圣堂桥，为单孔石梁桥，弧形带睑边的武康石纵梁也是典型的宋代风格。

湖州宋桥不是陈列的文物，至今绝大多数还在百姓生产、生活中发挥着重要的联结作用。清晨或黄昏，桥上你遇到的是拎着竹篮或背着竹筐的乡民，里面的新鲜蔬菜让你羡慕；午后，树荫下的桥栏上坐满了捧着茶缸闲聊的老头，那份自在闲适让你嫉妒。在桥上站不多时，或许就会有一艘小渔船悠悠然划进你的视野，摸螺蛳、放丝网、装虾笼……水乡湿地渔民的生活依旧在延续。古桥连接着两岸的村庄或街头，桥上是最佳的观赏点：屋前空地上游戏的孩童、倚着老门吃饭的老人、河埠头勤快洗刷的妇人……浓厚的生活情调被座座古桥连成水乡风情画卷。那些延续了上千年的宋代古桥串起了他们的童年青年中年和晚年。而离开家乡的游子，说起童年的记忆，记忆最深刻的往往是村口的老宋桥，看到桥就意味着快到家了。

第四篇

宋代遗韵

——湖州的宋代古桥

典型石梁桥

1. 朱藤桥

位于长兴县小浦镇中山村南庄自然村，始建于北宋熙宁四年（1071），南北向，三孔石梁桥。

朱藤桥横跨由獐山汇入合溪的一条小溪涧上。桥为两墩三孔的石梁桥，因为桥名失考，而桥身上纵挂着许多野生藤蔓，因此命名为朱藤桥。该桥历经修缮，两端的桥台（金刚墙）已被嵌入了石砌驳岸之中，各剩下四块竖置排柱石出露，两座桥墩各3根花岗石排柱石并立，桥面为板梁结构，两侧纵铺花岗石梁中间横铺小石板。两侧桥台的排柱石中各有两块为武康石，桥墩的柱础石是带有圆木槽孔的武康石，显然为原武康石桥的横帽石梁。南侧桥台武康石排柱上镌刻有纪年字堂，共5列72字："湖州长兴县平辽乡，居住弟子张君晖并男文贵文明侄文吉文秀家眷等舍钱建造石桥一所，资荐先妣王氏六娘并徐氏五娘生旦。熙宁四年（1071）岁在辛亥三月十五日。石匠徐延后侄镇。"这是湖州境内最早的古桥建造纪年题刻，也是唯一一处北宋纪年题刻。

　　此北宋字堂并没有采用湖州宋元石桥常见的荷叶莲花浮雕样式，形制上更类似一块碑文。宋代长兴县共有十五乡，今合溪、煤山一带属于平辽乡，原本只在文献中见到的"平辽乡"地名，这次有了实物证据。捐建古桥的是本地的张家，牵头人是张君晖，共涉及5人，还有4人分别是他的儿子文贵、文明及他的侄子文吉、文秀，建桥是为了纪念先母王六娘、徐五娘二人。营造此桥的宋代石匠是徐延后和侄子徐镇二人，建造后留下石匠姓名的宋桥并不多见，这使古桥尤显珍贵。

图4-1　朱藤桥（位于长兴县小浦镇中山村）

2. 万安桥

位于德清县舞阳街道太平村兜门山自然村，始建于南宋绍兴庚辰年（1160），南北向，单孔石梁桥，浙江省文物保护单位。

万安桥整桥用武康石砌筑，全长 4.25 米，桥面宽 2.15 米，高 2.8 米。桥墩采用立柱并列间排方式，两柱间的空间后期填充了条石。桥面为两条石梁，两端厚均为 30 厘米左右，向中间增厚至 50 厘米左右，外侧带折沿的弧形睑边，使桥面略呈拱形，桥不设台阶，桥面直接连通路面。万安桥的弧形纵梁称得上是武康石桥面纵梁的标准件，桥梁中间阴刻"万安桥"，两端阳刻缠枝花纹。在南侧外沿排柱立面有荷叶莲花字堂，镌有："劝缘比丘僧善诚募众，唯造南津西北□□桥，□□福利

图4-2　万安桥（位于德清县舞阳街道太平村）

用□□□□，国泰民安祈丰稔，绍兴庚辰（1160）孟秋至日题。"
这与明嘉靖《武康县志》记载的"万安桥，俱绍兴间（1131—
1162）僧善诚建，县东十里"完全一致。

3. 安丰桥

位于南浔区和孚镇双福桥村东泊自然村，始建于南宋乾道
三年（1167），东西向，三孔石梁桥，湖州市文物保护单位。

安丰桥整桥用武康石砌筑，全长 13.7 米，桥面宽 2.2 米，
中孔跨度 4.7 米，边孔跨度 2.8 米。桥墩由三根石板立柱并列密
排竖置，石板立柱向上收分，下宽上窄略呈八字形。东侧金刚
墙排柱立面莲叶荷花字堂镌有："岁次丁亥乾道三年（1167）
五月廿一日建造□亥三□。"中孔桥墩一侧也有荷叶莲花字堂，
风化严重无法辨认。桥墩上系横帽石梁，其上放置石梁以作桥
面，横帽石梁端首素面鳌头状。桥面为板梁结合，南北两侧纵
铺武康条石，中间横铺青色石板，桥面武康石纵梁，由两端向
中间增厚，外侧带折沿的弧形睑边。南侧有阴刻楷书"安丰桥"，
北侧桥铭已风化无法辨认。桥的立面呈弧形，三节武康石纵梁
连接成典型弧形桥面，桥不设台阶，桥面直接连通路面。

安丰桥桥西不足 100 米即是东部平原有名的东泊漾，有张
志和泊舟处，以志和有"泛宅浮家"之语，谓之泊宅村。时隔
300 年，两宋之际的方勺（1066—1142）寻寻觅觅，找到了张志
和曾经浮家泛宅的泊宅村，也过起了渔隐生活，并把自己的书
命名为《泊宅编》。方勺记载："乌程之东数十里，有泊宅村。

图4-3　安丰桥（位于南浔区和孚镇双福桥村）

予买田村下。因阅金石遗文，昔颜鲁公守湖州，张志和浮家泛宅，往来苕、霅间，此乃志和泊舟之所也。"安丰桥乾道三年（1167）兴建之时，正是方勺隐居泊宅村之时。安丰桥往北200米的后村还有一座宋代风格的小拱桥万福桥，虽然历经改建，武康石质的须弥座桥栏与分节并列砌置的拱券保存至今。

4. 兼济桥

位于德清县阜溪街道龙胜村前埠自然村，始建于南宋乾道八年（1172），南北向，三孔石梁桥，全国文物保护单位。

兼济桥整桥用武康石砌筑，全长 11 米，两坡脚各长 1.75 米，桥面宽 2 米，高 2 米。桥墩为四立柱并列间排分立结构，立柱间排不连锁。桥墩上系横帽石梁，其上放置石梁以作桥面。两边的桥栏与桥梁连在一起，用整石凿成 0.4 米高的须弥座，须弥座桥梁部分两端阳刻花卉纹，中间阴刻楷书"兼济桥"，桥栏部分阴刻如意花卉纹，横帽石梁也阳刻如意花卉，规模比桥栏云纹大。其建筑时代见于桥柱题刻。其题刻非常详细，除了

图4-4　兼济桥（位于德清县阜溪街道龙胜村）

建桥年月，还有祈祝之词以及干缘、劝缘者姓名等。文字共四行，首末行各十七字，中间二行各十八字，共七十字。在中孔东墩石柱上镌有"宋乾道八年（1172）壬辰岁丙午朔端午立，□□□□厘友共舍财重新建造□，□□□□□□□□□启智心，□□□□□□干舍钱一佰贯"。兼济桥桥梁两端的花卉纹、长系石上的花卉纹、桥栏上的花卉纹刻工都简练粗犷，极具宋代风格，是宋代石梁桥的典型特征之一。兼济桥桥名最富古意和大气。《庄子·杂篇·列御寇》有云："小夫之知，不离苞苴竿牍，敝精神乎蹇浅，而欲兼济导物。""兼济"指使天下民众、万物咸受惠益。《孟子·尽心上》亦云："穷则独善其身，达则兼济天下。"

5. 追远桥

位于德清县阜溪街道三桥村骆家冲自然村，始建于南宋绍熙二年（1191），东西向，三孔石梁桥，浙江省文物保护单位。

追远桥整桥用武康石砌筑，全长 10.4 米，宽 1.65 米，高 1.65 米。两侧的金刚墙已毁，河道已淤塞，桥的一半已埋在土中。中孔桥墩系三立柱并列间排竖置，中间稍有间隙，上压横帽石梁，石梁上有托木槽口四个，两端面镌有如意花卉纹。追远桥主孔桥面北侧有桥名，旁无年款，然边上却有乾隆的字堂题记。清道光《武康县志》："玉蟹桥，一名蟹儿桥，在县西北十二里……外盘一石，刻追远桥。中柱刻绍元间僧慧灯建。按绍元年号无考。"在中孔东墩的立柱上，有"绍熙二年（1191）岁次辛亥

图4-5　追远桥（位于德清县阜溪街道三桥村）

□□□□"字堂题记，故原县志为误记。东孔桥面北侧有"道光十二年元月一日立"字堂题记。每根武康石石梁均从两端向中间逐渐增厚，外侧又凿有弧度，整个桥面略呈拱形，造型美观。次孔石梁边端分别镌刻如意云图案，形成各异，飘然生动。追远一词出自《论语·学而篇》："曾子曰：'慎终，追远，民德归厚矣。'"意为虔诚祭祀怀念祖先，思念久远之人或事。

6. 上邻桥

位于德清武康街道五龙社区，南宋乙丑年（1205）重建，南北向，三孔石梁桥，浙江省文物保护单位。

　　上邻桥整桥原来用武康石砌筑，后代修补用了部分花岗岩。其横跨前溪分流之水，全长 11.2 米，桥宽 1.7 米，桥高 3.4 米。嘉靖《武康县志》载："上林桥，县东八里，元至正三年（1343）建。"在上邻桥上我们找到了三处文字记载：一处在中孔梁石的东侧，位置在中间偏左，竖刻六字"开禧乙丑（1205）重建"，字迹清晰可辨。此墩石的背面（即南面），正中位置的荷叶莲花字堂框中刻字一行，字体较小，且大小不一，为"正德七年岁次壬申九月十一日县丞张□偕道长陈玄重修"。清道光《武康县志·秩官表》："明正德五年至八年，武康县丞张珪。"这样，完整的铭文应为"正德七年岁次壬申九月十一日县丞张珪偕道长陈玄重修"，明代正德年间，正是道教兴盛之时。中孔石梁东侧正中双钩阴刻"重建上邻桥"五字，旁边有"道光

图4-6　上邻桥（位于德清县武康街道五龙社区）

十二年冬月立"八字题刻。以上三处文字，均有明确的纪年，可知现桥是南宋开禧乙丑（1205）重建，明正德七年（1512）重修，清道光十二年（1832）再次重修的。上邻桥立面呈弧形，不设台阶，桥面直接连通路面。上邻桥上的武康石有新旧之别，石色转为紫黑，梁底风化较重的，应该是重修时的原构件。原桥由三根石梁并架，重修时，因石梁已断缺，北孔失一中梁，南孔失一边梁，故将桥面改为板梁形式，北孔是在两根老边梁的中间铺石板，南孔则将中梁移往边上，再铺石板，因为石板较薄，不易承重，所以改窄了桥面，也就产生了上面承梁勾头处出现的间隙。中孔石梁是后来更换的，因为花岗岩石质已完全有别，但形式仍按原样，是道光那次重修的痕迹。此桥修建年代可上推至南宋开禧年间（1205—1207），那次应该是易木为石的重建。

7. 僧家桥

位于德清县武康街道五龙社区，南宋宝庆二年（1226）重建，东西向，三孔石梁桥，浙江省文物保护单位。

僧家桥整桥用武康石砌筑，全长 11.1 米，桥面宽 2.12 米，高 2 米，中孔跨度 5 米，两边孔径各为 3 米。随着城市化的推进，僧家桥已成玫瑰庄园小区绿化公园的一部分，横跨新龙西小河。明嘉靖《武康县志》载："僧家桥，县东七里，唐天宝二年（743）建。"桥面两侧虽未见桥名及年款，但主孔东墩立柱中段有莲叶荷花浮雕字堂，上刻有"皇宋宝庆二年（1226）季夏上旬吉

图4-7　僧家桥（位于德清县武康街道五龙社区）

日重建"，僧家桥少有后代修缮的痕迹，风貌原始保存完好。僧家桥桥墩系四根石板立柱并列密排竖置，但两侧立柱较宽，中间两根略窄，且略短，下接垫石，有可能出于建造技术上的要求。此种构造在很多宋元桥上都有使用，很显然不是节省材料那么简单，充分体现了古代匠人因材施作的智慧。上压横帽石梁，梁上都有托木槽口4个，上再置9条纵向并列石梁以做桥面，石梁也是逐渐向中间增厚，外侧又凿成弧形，使桥面略呈拱形，桥面无护栏。僧家桥是德清境内唐代木桥改为宋代石桥的实证，其时代特征较为明显。僧家桥边孔桥面的做法非常有特色，在桥梁下凿出凹下的浅阶，两边孔桥面石梁上各镌窄步浅阶9级，中间桥梁在浅阶上又做了伞形的凹槽，便于行车，做得非常考究，也比较少见。

8.宝蓄桥

位于南浔区菱湖镇射中村，南宋淳祐六年（1246）、泰定二年（1325）重建，东西向，三孔石梁桥，湖州市文物保护单位。

宝蓄桥原名怀吴桥，清同治《湖州府志》载："怀吴桥即宝蓄桥，宋监仓吴党居桥傍，有隐德，后徙淳安，里人怀之故名。国朝乾隆丙子间（1756）重修，易名宝蓄。"吴党为北宋初人，足见宝蓄桥始建年代之久远。宝蓄桥全长18米，宽3.3米。排柱墩上有多处莲叶荷花字堂，东塊南起第一块排柱镌有："峕淳祐六年（1246），岁次丙午九月望日重建；大明正统四年（1439）冬月重建。"桥西塊南起第一块武康石立柱的字堂题刻为："都劝□朝奉大夫赐紫金鱼袋吴劝缘进士□。"吴姓是射中世居大族，朝奉大夫为宋代文职散官名，正五品，文官第十一阶，元丰改制后定为第十九阶。官服分颜色从唐朝开始，三品以上着紫袍，佩金鱼袋；五品以上着绯袍，佩银鱼袋；六品以下着绿袍，无鱼袋。赐紫金鱼袋多为朝廷对品级不高的官员的一种嘉许。在淳祐六年（1246）与正统四年（1439）之间，宝蓄桥还有过一次重建。中间排柱镌有："泰定二年（1325）岁次乙丑九月□日□□助缘重建。"宝蓄桥最近一次重建有两次题刻：一处为

图4-8　宝蓄桥，上有南宋淳祐六年纪年题刻（位于南浔区菱湖镇射中村）

排柱字堂，"大清道光二十三年（1843）岁次癸卯三月重建"；另一处在南侧桥栏外侧立面，阴刻铭文"道光癸卯年（1843）狮吼寺祁受林募化重建"。宝蓄桥和狮吼寺是射中的"十桥十庙"之一，宝蓄桥仍在，但狮吼寺早已湮没无踪。宝蓄桥武康石须弥座桥栏保存完整，桥身略呈弧形，线条流畅。宝蓄桥历经多次重修，因此其桥所用石材不一，色彩斑斓，有武康石沉郁的紫、花岗岩鲜亮的黄以及太湖石的青白等。由于年代久远，湖州古桥上的字堂题刻风化得较严重，一般难以识读，像宝蓄桥保存有如此多的字堂，并能如实反映宋元明清年代跨度的，实属难得。

9. 长寿桥

位于南浔区菱湖镇射中村西射自然村，元大德四年（1300）
重建，南北向，三孔石梁桥，湖州市文物保护单位。

长寿桥原名西吴桥、思吴桥，也是因怀念宋监仓吴党而取名，
因桥南为宋代长寿坊而改名为长寿桥，长寿坊是宋代归安县七
大酒坊之一。长寿桥主体石材为武康石，间有青石，全长20米，
宽3.5米，高6米，桥身略呈弧形，线条流畅。现武康石排柱墩
上有荷叶莲花字堂4处。其中北侧排柱墩南向居中字堂镌有：
"都劝缘修职郎前监□□在车辖院章□，劝缘文林郎新监临安
府都盐仓吴□，劝缘文林郎前奉国军节度推官章□施财建捐桥

图4-9　长寿桥（位于南浔区菱湖镇射中村）

□□。"可证现长寿石桥始建于南宋。此外，南侧排柱墩北向西侧字堂镌有"元大德四年（1300）重建"等文字。桥面两侧设须弥座石栏杆，与8根方形望柱连接。望柱头镌刻覆莲，桥栏末端设抱鼓石，饰有云纹。横帽石梁为鳌头状，桥上武康石旧构保留较多，清光绪三年（1877）以花岗岩替代断裂之部分石梁，但重修时仿宋式旧构造型。桥堍的垂带石的弧形折沿睑边与桥面弧形折沿睑边连通，整个桥的侧立面呈现出完美的长弧形，宋元桥的特征十分明显。长寿桥桥面为板梁式结构，三梁双板，桥面宽阔，桥面有两块桥心石，其中一块刻图案"瓶升三戟"，有"平升三级"之寓意，在两边孔桥面石梁各镌宽步台阶3级。西射村面溪而居，呈东西长条形，溪南是大片的桑林与耕地，东西向的宝溪与南来的支港形成了一个丁字形交叉，南北向的三孔石梁长寿桥，与南堍西侧东西向的单孔集福桥，一大一小两座桥构成"八"字形，被人们赋予了"八字桥"的别名，取福寿绵长的美意。两桥藤蔓缠绕，十分古朴。两桥连接处现名桑树地，曾有宋代有名的长寿酒坊，是一个热闹去处。

10. 畎桥

位于长兴林城镇畎桥村中，东西向，始建于南宋的七孔石梁桥，长兴县文物保护单位。

坐落于长兴林城的畎桥，富有传奇色彩。"畎"原写作"猷"。传说此桥由当地的两个富户牵头所造，造完桥后，富户家只剩下一只狗和半亩田，桥梁由此得名，由此可见，在古代修一座大桥是多么不容易。畎桥东西向跨畎桥港（又名泥桥港），是一座七孔的大型石梁桥，全长 34 米，宽 2 米。关于畎桥的最早文字记载见于《永乐大典·湖州府》："畎桥在县西南五十里，旧废于兵，洪武七年（1374）乡民重建。"畎桥更早的历史，我们可以从畎桥的武康石排柱上去找。排柱镌有两处荷叶莲花字堂，其中一块刻有"供丞□□至元年施□重建"。至元是元代年号，前后用过两次，即元世祖忽必烈的至元年间（1264—1294）和元惠宗的至元年间（1335—1340）。既然是至元重建，时间应该还可以再往前推，答案就在另一块荷叶莲花字堂内："都劝缘檀越卢十七宣义国男卸六省元。"综合考证，畎桥当始建于南宋。畎桥桥西不远处有一村名曰"卢村"，村民以卢姓为多，历来为当地望族。卢村的古大卢桥为三孔石梁桥，桥面以武康石弧形石梁为主，外侧阳刻有宋元风格的缠枝纹。

清同治《长兴县志》记载："畎桥在县西南五十里，跨畎桥港。乾隆六十年，里人陈义、杨又鸣倡建重建。"我们可以从桥额石上镌刻的铭文得到印证，"龙飞乾隆岁次乙卯（1795）孟春月穀旦重建畎桥，同治庚午（1870）年公助重修"。同治庚午的重修可能与太平天国战火有关。南宋始建的畎桥，先后经历了元至元、明洪武、清乾隆和同治的 4 次重修，受过无数次洪灾的考验，也遭遇过多次兵火的冲击，保存至今实属不易。武康石立柱和鳌头状横帽石梁是宋元遗构，历史最为悠久，排柱上镌刻着源于佛教的荷叶莲花纹，上为覆盖的荷叶，中间为线框字堂，下为并蒂莲加镂空缠枝纹饰，字堂记载历史，雕刻传达寓意。桥面的武康石纵梁，风化程度较轻，加工工艺趋于

图4-10 畎桥（位于长兴县林城镇畎桥村）

简洁，应是洪武重建的遗构。而桥上的花岗岩构件大多为乾隆重建时所替换的，1795年是乾隆六十年，正是花岗岩石材开始在湖州古桥建设中大行之道的时候。桥栏上望柱柱顶的束腰莲花纹饰，中孔两侧横帽石梁上雕凿的镇水兽蚣蝮造型，都是乾隆时期的典型风格。

11. 通济桥

位于南浔区石淙镇银子桥村高家桥村，南北向，始建于南宋庚子年（1180或1240），三孔石梁桥。

通济桥主体石材以武康石为主，桥面呈明显长弧形，桥台两侧无台阶，路桥相连，桥面两侧弧形纵梁均带睑边，边孔桥面纵梁端首镌刻勾云纹，桥墩间排，排柱间有缝隙，外侧排柱石倒角杀棱，这些都是湖州地区宋时期桥梁普遍存在的特征。通济桥中孔保存完好，外沿居中双钩阴刻楷书桥额"重兴通济"，其省略桥字的桥额镌刻方式与已确定为南宋时期建造的吴兴青山源洪桥、德清寿昌桥相似；桥面之上残存长弧形须弥座栏板及间置束腰仰覆莲瓣纹望柱的形状和风格也是典型的宋元风格。通济桥排柱上有一对雕刻手法一致的荷叶莲花字堂。南侧桥墩东侧北侧排柱的字堂文字内容辨识为："洋河坝信士王文宁助银贰拾两，祈保吉祥如意，庚子年季春吉旦。"北侧桥墩南向中间排柱字堂文字辨识为："迪功郎新安丰军安丰县主簿□泾，迪功郎前平江府崑山县主簿□□，施财重建了愿。先考签判宣义、签判通直，愿心所集福，□迎严两位□□，超升天界。"从官名、

图4-11 通济桥（位于南浔区石淙镇银子桥村）

地名等诸多信息推断此桥应为南宋始建，而南宋庚子年只有两
个：淳熙七年（1180）或嘉熙四年（1240）。

　　石淙，又名石冢，位于河道纵横、土地丰腴的东部平原的
腹地，南宋时途径石淙的水路是沟通荻塘、双林塘河澜溪塘重
要支脉。同属于银子桥村的凡石桥遗址与高家桥村毗邻，是近
年来浙江省发现的一处年代特征鲜明、出土遗物丰富的宋元时
期遗址，975 平方米的发掘面积，为乡间码头的残存一隅，发现
2700 余件瓷器、陶器、漆器等宋代遗存。樊泽，今名凡石村，
石淙望族严、陆、卜氏等世居于此，是宋、元、明时期系石淙
的经济文化中心。综合以上分析，石淙重兴通济桥主体当为南
宋桥梁旧构毫无疑义。

12. 社桥

　　位于德清县阜溪街道龙山村社桥自然村，南北向，元皇庆
年间（1312—1313）重建，五孔石梁桥，全国文物保护单位。

　　社桥整桥用武康石砌筑，全长 42 米，桥宽 2.8 米，中孔跨
度 6.4 米，孔高 6.4 米。桥墩为三立柱连锁式结构，桥墩上放置
三条石梁以做桥面，石梁逐渐向中间增厚，外侧又凿成弧形，
使桥面略呈拱形。桥栏用条石凿成须弥座式的栏板，桥栏尽头
用抱鼓石支撑。望柱部分为圆头方体，柱头镌有仰覆莲瓣纹饰。
桥梁两端坡脚有踏跺 8 级，踏跺两旁置垂带石。桥中孔排柱镌
有"□□□财□□□□□皇庆□年□初九日乙未重□□□□"
题记，桥梁正中均有阳刻桥名题刻。明嘉靖《武康县志》载："社

图4-12　社桥（位于德清县阜溪街道龙山村）

桥，县东北二十九里，吴王元年（元至正十六年，即 1356 年）
邑人朱寿建。"清道光《武康县志》载："社桥，明初吴王元
年邑人朱寿建，北有社坛，因名。上市东西两埠之水，与兼济、
吴堂诸桥来水会焉。"元至正十三年，张士诚起兵反元，国号
大周，于元至正十六年自称吴王，则"吴王元年"即为 1356 年，
已是元末。而排柱上"皇庆"题刻印证了社桥的建筑年代应为
元皇庆年间（1312—1313）。社桥造型高大，风格独特，其构
件风格与湖州市郊射中村的长寿桥极为相似，其须弥座桥栏、
仰覆莲式的望柱、刻有卷云纹的抱鼓石与德清县三合乡的寿昌

桥为同一风格。

13. 普济桥

位于德清县钟管镇蠡山村，东西向，三孔石梁桥，全国文物保护单位。

普济桥整桥用武康石砌筑，全长 19 米，坡脚宽 2.6 米，桥梁为二条石，中间并列横砌小块石，宽 2.27 米。中孔净跨 5.3 米，高 3.85 米，两边孔净跨 2.8 米，高为 3.2 米。桥柱为四条武康石并列密排竖置，桥墩两侧金刚墙用条石水平错缝砌置，南北两坡各置踏跺五级。桥梁两端逐渐向中间增厚，外侧又凿成弧形，使桥面呈拱形。桥梁两边置须弥座桥栏，须弥座之间置仰覆莲瓣望柱，望柱两头用抱鼓石支撑。桥梁中段呈现明显弧形，中孔桥梁两头阳刻花卉，中双钩阴刻楷书"普济"。另有清乾隆重建题刻，但据整桥风格看，清乾隆间应为重修，且保留了大部分原桥构件。普济桥始建年代未见地方志记载，形式接近《平江图》所绘桥梁，其构件风格特征与江苏省全国文物保护单位东庙桥桥梁为同一作法。其须弥座桥栏、仰覆莲式的望柱、刻有卷云纹的抱鼓石与德清县三合乡的寿昌桥为同一风格。石梁两端的花卉纹刻工精细，具有宋元风格。普济桥的抬梁式结构在视觉上更加举重若轻，同时它也尽可能地保留了桥面的弧度。特别是中孔之上的石板，厚度自中间向首尾削减，侧面边缘雕刻成向上隆起的弯梁。不难推测，设计者模仿了旧时木质构件的形状。梭状的石梁之下，原本暗藏着平行的木梁，极大地提

图4-13　普济桥（位于德清县钟管镇蠡山村）

高了这一新式梁桥的承重性能。普济桥栏外刻有清乾隆三十年（1765）的重修款识，然而，柱头覆莲等鲜明的宋代风格却透露出其历史渊源。石梁的尾端，宋人镌刻了饱满的流云纹。

14.妙济桥

位于吴兴区东林镇星敏村前骧自然村南坝港上，南北向，五孔石梁桥，浙江省文物保护单位。

妙济桥整桥以武康石为主砌筑，只有南侧靴钉式金刚墙和踏步为花岗岩材质，应为后期修补。长近30米，高约6米，宽仅为1.65米。桥墩由两根石板立柱并列密排竖置，向上有明显的收分，排柱外侧倒角杀棱，边孔桥墩与金刚墙为一体，墩顶压横帽石梁，梁上开有槽口，端首为弧形素面，呈鳌头状。桥面采用长弧形条石纵铺的技术和做法，桥面纵向两侧为折沿风格，末端雕有勾云纹。弧形的桥面纵梁，加之从两侧金刚墙依次向中间排柱墩增高，五孔的大跨度，使得整桥呈自然流畅的弧形，桥型舒展优美。桥面两侧刻双钩楷书"妙济桥"，虽还未发现纪年题刻，但其形制是典型的宋元风格。妙济桥曾是星敏村前后骧去洛舍赶集的必经之路，妙济桥无桥栏，边孔的

图4-14 妙济桥（位于吴兴区东林镇星敏行政村前骧自然村）

桥面做成横向栉阶，其风格与咸淳五年的东林源洪桥桥面做法
一致。

15. 道仁桥

位于南浔区菱湖镇建丰村包家兜自然村，南北向，五孔石
柱木梁桥，湖州市文物保护单位。

道仁桥，清《归安县志》记载为道人桥，石立柱、木纵梁、
横石板，是一座形制特殊的五孔木梁桥，全长 27 米，宽 2.15 米。
道仁桥的桥墩由两根武康石立柱组成，并列间排竖置，中间间
隔同柱宽，保留了木桥八字排架的结构特点。道仁桥的武康石
排柱外侧倒角杀棱。为了有效地抵御来自横向、侧向的撞击，
武康石立柱外沿都采取倒角杀棱，两侧的柱角一般均被凿成约

图4-15　道仁桥（位于南浔区菱湖镇建丰村）

2—3厘米的平侧面，就是为了消解船与柱的磕碰。桥墩上系武康石横帽梁，端首是典型的鳌头状，跟德清寿昌桥形制一致。以榫卯结构连接，横帽石梁上方凿半圆石槽，上架通长柏木做承重梁，桥面为横铺的武康石板，每块长215厘米、宽50厘米、厚约15厘米。道仁桥的结构和技术与连续简支木梁桥没有本质的区别，无非以武康石排柱替代了木柱，桥面以武康石板替代了密排的横木。这样的简支梁桥保证桥面连续不开裂，近似现代公路桥，整座桥体略呈弧状，横跨水面宛如长虹卧波，颇为轻巧。不设台阶，桥面和河岸无缝衔接，桥路相连。道仁桥南侧桥墩立面上有阴刻铭文"康熙"二字，是重修纪年，道仁桥整桥为武康石材构筑，其始建年代应该更早，古朴的形制历经多次重修能够保留下来实属不易。其建筑风格与金泽元代桥梁迎祥桥如出一辙，可以断定为宋元遗风。

16. 许联三桥

　　位于南浔区菱湖镇许联村水东自然村，典型宋元风格三孔石梁桥，湖州市文物保护单位。

　　下昂许联村位于许墓漾与后庄漾之间的一组土墩上，水东村的老树沿河湾成林，全是古香樟，林子里栖息着成千上万的灰鹭，灰鹭春日飞走，等秋天复归来。秋冬之际，每天早上，灰鹭齐飞，那真是蔚为壮观。许联在宋元一度设有急递铺，《职方典·湖州府驿递考》载："许墓铺，在（乌程）县南六都铺司一名，铺兵五名。"水东村中永安桥、通明桥和翟公桥均为武康石质的三孔石梁桥，宋元风格鲜明，都是典型的宋式无石阶弧形虹桥。正是这三桥把村落的土墩连成了一个整体，而且在村中形成了一个环形的主干道。永安桥长 14 米，宽 1.3 米，高 2.5 米，于清康熙丙午年，即康熙五年（1666）重建，但整桥依旧为武康石构筑，包括桥面嵌入的横板，东侧边孔的北边的纵梁挪用了通明桥中间的断梁，通明两字还可以看清，桥面梁外侧雕刻流畅的缠枝纹。圆圈内阴刻桥名，形制古朴。康熙四十一年（1702）重建的通明桥，只有桥面纵梁被替换为花岗岩，其余均为武康石，横帽石梁端首镌刻云纹与忍冬纹。竹桥的历史同样体现在桥名和地名之中，下昂许联翟公桥具有鲜明的宋元风格的梁桥，一直被俗称为竹桥，桥面石梁、横帽石梁和立柱均为武康石，是典型的宋元风格。

图4-16　许联三桥之永安桥（位于南浔区菱湖镇许联村）

图4-17　许联三桥之通明桥（位于南浔区菱湖镇许联村）

图4-18　许联三桥之翟公桥（位于南浔区菱湖镇许联村）

17.唐翁桥

位于长兴县水口乡徐旺村王家自然村西侧，南北向，是单孔石梁桥，长兴县文物保护单位。

唐翁桥整桥为武康石石质，桥长7.95米，宽1.36米，高1.6米，径跨2.56米，桥面分3段，每段桥面由5块石梁并排构成，每块石梁都呈下平上弧形态，外侧带折沿形睑边。桥面中段为跨

图4-19 唐翁桥（位于长兴县水口乡徐旺村）

径桥孔，两侧桥墩六根立柱紧靠桥台金刚墙。南北两段桥面以倾斜的姿态直接铺设于桥台之上，不设台阶，直接与路堤相衔接，整个桥立面呈连续的长弧形。桥额阴刻楷书"唐翁桥"，边款"同治十三年（1874）重建"。但石梁两端侧面有立体浮雕缠枝纹，横帽石梁端首雕有吞水兽图案，形制古朴，是典型的宋元风格。唐翁桥从桥面看很像是一座二墩三孔石梁桥，两侧边孔砌墙成为桥台。我们在南宋绘画里就发现了这样的做法，在桥柱间加入了石墩，桥柱成排整齐地紧贴石墩，增强了桥面的载重能力。桥南不远处的后圩村有个唐朝自然村，当地民谚向有"三千唐朝、八百吴城，九浜十三弄"之说，意谓在方圆几十里范围内，唐朝村比闻名遐迩、历史久远的吴城村人数更多，影响较大。唐朝村古名"唐绍村"，是唐姓的聚居地，以前被称作"唐朝里"。关于唐翁桥的桥名就与唐朝村有关的。这里曾经是当地百姓南来北往必经之地，后来的道路改道建设，使得唐翁桥如今显得落寞空寂，时时被藤蔓缠身，曾经几乎被人遗忘。但也正因如此，才得以完好地保存至今。

18. 渎南桥

位于长兴县吕山乡圩门村渎南自然村西南，东西向横跨渎南斗外港，三孔石梁桥。

渎南桥桥长 10.7 米，宽 1.43 米，径跨 7.1 米，中孔径跨 3.02 米。桥东是圩门村所在的联合圩，桥西是虹星桥镇观音桥村所在的西元圩，渎南桥呈东西走向横跨两圩之间的河流，掩映在苔草

图4-20　渎南桥（位于长兴县吕山乡坁门村）

丛中。渎南桥两处桥墩都是由并排各两块竖立的排柱组成，均为武康石材质。桥面由六块纵向铺设的石梁构成，除了南侧中孔的一块桥面石梁为花岗石以外，全部为武康石。此桥不见桥额，桥排柱石上亦没有莲花字堂，因位于渎南村，故只能以村名命名。从武康石构件的风格来看，武康石梁全部为长弧形带折沿睑边，侧立面呈明显弧形，两端有清晰的具宋元特征的勾云纹，两条横穿的横帽石梁则雕琢成鳌头状，且带有木梁槽孔，所以总体呈现出特色鲜明的宋元风格。遗憾的是此桥没有明确纪年，县志上也没有记载。进一步从周边环境分析，此地在西苕溪的北岸，长兴已经发现的宋元古桥集中分布在西苕溪两岸，可能与宋代的蚕桑经济发达有关。其中同在坁门村的石佛桥排柱上有南宋嘉定十二年（1219）纪年题刻。

19. 浮塘桥

位于安吉县梅溪镇马村村北平桥自然村，南北向，七孔石梁桥，安吉县文物保护单位。

浮塘桥是安吉境内体量最大的石梁桥，枯水季节溪水几近干枯，高高的桥墩全部露出，显得格外高大，略略弯曲的桥面和微红色的桥梁颇有宋桥风格，微红色主要是因为其使用了大量武康石。浮塘桥又称平桥，桥长 33.35 米、宽 2.7 米、通高 7.4 米。排柱石由 4 块条石并列密排竖置，中孔桥墩上武康石立柱外沿倒角杀棱，排面有两对精美的荷叶莲花字堂图案，中孔武康石大石梁两侧有阴刻文字，已剥蚀不可辨认，桥面栏板已大

图4-21　浮塘桥（位于安吉县梅溪镇马村村）

部分损毁，但可见须弥座式。知州刘蓟植的《重修浮塘桥碑记》记载："北川、万埭之腰腹者，曰浮塘桥。"平桥是梅溪通安城的必经之路，又恰好是两地的中间位置，成了过往行人短时休息的地方。

20. 增福桥

位于德清县雷甸镇杨墩村王家里自然村，南北向，三孔石梁桥，德清县文物保护单位。

增福桥整桥为武康石材质，桥长 15.2 米。两块立柱并排竖置，上扣横帽石梁，端面呈鳌头状，与全国文保单位寿昌桥类同，中孔北向桥柱上镌刻荷花莲叶字堂题刻，字迹已漫漶不可辨。整座桥由两端桥台向中间桥墩梯次增高，一组弧形桥面纵梁连接闭合就成了完美的弧形连续桥面。桥原本不设台阶，桥面直接连通路面。桥面由两块武康石纵梁并铺而成，纵梁由两边向中间逐渐增厚，呈下平上弧形态，微拱，纵梁外侧出檐，做成垂直折沿形的睑边。增福桥边孔桥面的做法非常有特色，在桥梁下凿出凹下的浅阶，两边孔桥面石梁上各镌宽步浅阶 7 级，不同于凸起的横向桥阶，与南宋淳祐六年（1246）所建的宝蓄桥做法一致。边孔纵梁侧面端首减地阳刻勾云纹，主孔桥面两侧石梁镌刻桥额"增福"，双钩阴刻且不带"桥"字，与建于南宋咸淳年间的全国文保单位寿昌桥、浙江省文保单位源洪桥做法一致，结合横帽石梁的鳌头状端面，基本可判断增福桥整体为南宋晚期石梁桥遗构。

图4-22　增福桥（位于德清县雷甸镇杨墩村）

典型石拱桥

1. 寿昌桥

位于德清县下渚湖街道二都村，始建于南宋咸淳年间（1265—1274），南北向，单孔石拱桥，全国文物保护单位。

寿昌桥是迄今江南发现的形制最大，保存最完整的宋代单孔石拱桥，又名上渚桥。明嘉靖《武康县志》记载："寿昌桥，宋咸淳间邑人姚智建。"整桥用武康石砌筑，造型古朴，气势雄伟。寿昌桥长约 50 米、高 9.45 米、净跨 17.4 米、矢高 7.16 米，寿昌桥的圆心角为 158°，为典型的微圆弧拱。寿昌桥的基宽 4.25 米、桥顶面宽 2.74 米，自下而上逐层收分，桥面平面的处理别具匠心，桥顶面与桥堍坡脚也是自下至桥墩金刚墙用块石水平错缝砌筑，逐层内收，使之坚固稳重。上收分，形成双曲的平面，在桥面两端与地面结合部位稍稍反曲。寿昌桥拱券部分未见大修痕迹，后期改动较大的是桥面坡度。在寿昌桥保护性重修时还发现，桥基下有许多粗大的圆木桩，有的木桩直径达 30 多厘米，至今没有腐朽。建于木桩上的桥基几乎没有走样。桥拱拱券分节并列砌置，共 11 节，每节三弧形条石，每块条石长约 2.3

米，厚约 0.4 米，宽 0.5—1.3 米不等。拱券底宽 3.75 米，顶宽 2.5
米，收分较大，使整桥横剖面呈梯形。桥顶部用长约 1.5 米、宽
约 0.4—0.7 米石板平铺，无定心石。桥面两坡用阶梯踏跺上下，
踏跺共 13 级。踏跺两侧仰天石上有楛阶，以适合车辆上下。仰
天石每块长约 3 米，厚约 0.3 米，宽约 0.7 米；楛阶每阶间隔 0.3
米，长约 0.3 米，突起约 0.04 米，宽约 0.1 米。仰天石下的压券
石贯穿整桥，外缘饰乳钉纹，乳钉直径约 0.08 米，两端各饰卷

图4-23　寿昌桥（位于德清县下渚湖街道二都村，全国文物保护单位）

云纹。桥栏用厚 0.25 米、高 0.48 米的条石凿成须弥座式的栏板，桥栏尽头用抱鼓石支撑。12 根望柱均是圆头方体，柱头镌有仰覆莲瓣纹饰，每根柱高 0.75—0.9 米，宽 0.2—0.3 米，厚 0.24—0.27 米。每根望柱下的金刚墙上，均有伸出墙体的半圆状长系石，共 2 对 4 块，左右对称，略呈梯形。另设一对明柱，明柱上无字迹。桥正中券面石上，自左至右阴线双钩楷书"寿昌"二字。在拱券内侧由下往上第四节中间券石上，镌有宋元风格的图案，中有题记，惜风化严重，字迹大部湮灭。

寿昌桥整桥采用武康石砌筑而成，紫褐色的桥身青藤缠绕如长虹饮涧。文保部门见古桥布满藤蔓，曾担心藤蔓嵌入桥体有损国宝，所以专门请了村民来清理藤蔓。可 10 多年过去后，寿昌桥再一次被密密藤蔓覆盖，下垂的枝蔓在微风中摇曳生姿。据说寿昌桥下生活着一只千年老龟，喜欢安家于藤蔓间。寿昌桥上及周边的各种藤类植物被清理后，老龟无家可归，迫不得已只能迁徙搬家，很不幸，在离古桥不远的地方被鱼籪围住，活活困死了。之后，附近的村民身上发生了一系列神异之事，大家认为很可能与那只大乌龟有关，于是在寿昌桥边为老龟建起了"龟正王陵"。陵的设计按照龟的形状，龟头朝上，碑上刻着"生于五代年间，卒于甲戌（1994）八月十一日寅时"，碑下刻"丁丑年（1997）八月二都村民立"。寿昌桥至今历史还不到 800 年，但乡人固执地认为老龟至少有千年之寿，于是推算其"生于五代"，并冠以"龟正王"之衔，寓意为"正宗的龟王"。而今，南宋的寿昌桥有龟王陵相伴，这"桥"与"龟"的逸事，也越发让桥富有传奇色彩。

图4-24　寿昌桥（位于德清县下渚湖街道二都村，全国文物保护单位）

　　寿昌桥建于南宋末期的咸淳年间（1265—1274）。咸淳是宋度宗赵禥的年号，就在南宋王朝即将覆灭之际，江南的石拱桥建设却正进行得如火如荼，上海金泽普济桥建于咸淳三年（1267），东林的源洪桥建于咸淳五年（1269）。寿昌桥历史上是武康通杭州驿道的主要交通桥梁，如今与杭宁高速平行。经历过数百载春花秋月的润泽，承受过无数次风霜雨雪的洗礼，寿昌桥已经变成了一件不可复制的建筑艺术的杰作。它正在缓慢风化着的桥栏，它生长着苍藤与青苔的桥身，它既光滑又斑驳的桥面，都让人感到了历史的质感。如今的寿昌桥，毗邻宽敞的高速公路，它的古朴宁静与高速上的车水马龙形成了鲜明的对比。它们一个属于历史，一个属于现代。它们和谐地并存于湖州的乡野之中，一个守望着诗意，一个展现着活力。

2. 永安桥

位于德清县下渚湖街道下杨村环桥头禹溪上，南北向，单孔石拱桥，全国文物保护单位。

永安桥整桥用武康石砌筑，全长 17.3 米，顶宽 2.8 米，单孔净跨 6 米，净矢 2.7 米。桥墩两侧金刚墙用条石水平错缝砌置，桥拱用四条石分节并列砌置，圆弧拱度小于 180 度，弧线优美平缓。拱券之上、仰天石和两坡脚垂带石之下不置压券石构件，而是由仰天石直接与拱券石叠压，且垂带石侧面为素面。桥额处阴刻楷书"永安桥"三字。永安桥桥顶面用两块长弧形条石纵铺，两坡脚下段垂带石表面内侧镌横向栌阶。桥顶宽与两塅坡脚宽度一致。拱墙两侧上下纵横均呈垂直。永安桥为桥中段

图4-25　永安桥（位于德清县下渚湖街道下杨村）

不用望柱的长弧形桥栏式，断面呈须弥座式。整桥仅在桥栏南北两端各设望柱，共4个，望柱头为仰覆莲瓣状，与其下南北各一根横贯拱墙的长系石两端相对，望柱两头用抱鼓石支撑。长系石端面刻半浮雕卷云纹，其下不设间壁石。永安桥与源洪桥的长系石端面虽然总体风格一致，均呈平面且雕刻半浮雕纹饰，但纹饰的类型则有一定的差异，前者为卷云纹，后者为花卉纹。这些都是宋代桥梁的典型做法。永安桥未见地方志记载，但明嘉靖《武康县志》记载："禹山桥，宋嘉定间僧智德建。普安桥，宋绍兴间僧净玉建。众善桥，宋嘉定间僧妙智建。三桥俱县东南二十里。"禹山桥文物普查时尚存，为双孔石梁桥，南北向跨越禹溪，禹山桥以东200米即为永安桥。永安桥结构造型极具宋代风格，这与同处一乡的寿昌桥为同一作法。长系石雕刻的卷云纹与上海市文物保护单位普济桥的极为相似。由此推定，明代以来地方志极有可能把永安桥误作为普安桥，明嘉靖《武康县志》记载的普安桥可能即为永安桥。

3. 青云桥

位于德清县雷甸镇雷甸村环桥自然村，南北向，单孔石拱桥，全国文物保护单位。

青云桥整桥采用武康石砌筑而成，形制古朴，桥全长11米，宽1.8米，单孔净跨5.45米，净矢3.1米。青云桥拱券为典型的分节并列砌置的圆弧拱。青云桥桥面无桥栏痕迹。桥面分为三节，每节由两条带睑边的弧形武康石纵梁并排而成，中间嵌入

图4-26　青云桥（位于德清县雷甸镇雷甸村）

窄长的小武康条石，整个桥面呈平缓的弧形，路桥相连，不设台阶。中间纵梁阴刻桥名"青云桥"，两侧弧形纵梁端首镌刻云纹，桥顶面中心无顶盘石，后期拱桥亦称定心石（桥心石）。两侧金刚墙各穿插一根长系石，端首为鳌头状，其下置间壁石，无楹联题刻。青云桥主要为错缝平砌金刚墙，桥台金刚墙出现少许后期桥梁的丁石，恰好说明此桥后期整修过。

4.万善桥

位于德清县新安镇舍北村百子堂自然村前小河，南北向，单孔石拱桥，全国文物保护单位。

　　万善桥用武康石砌筑，全长 17.6 米，坡脚如意石宽 0.6 米，长 2.9 米，顶宽 2 米，单孔净跨 6.8 米，净矢 3.66 米。桥墩两侧金刚墙用条石水平错缝砌置，桥拱用四条石纵联分节并列砌置，南北两坡各置踏跺六级，踏跺边上置垂带石宽 0.4 米，长 3.7 米。仰天石下的压券石贯穿整桥，外缘饰乳钉纹，乳钉直径约 0.08 米，两端各饰勾云纹。垂带石上置仰覆莲瓣望柱四根，长宽各 0.21 米，高 0.6 米。望柱间桥栏为须弥座，宽 0.2 米，长 3.8 米。望柱两头用抱鼓石支撑，抱鼓石宽 0.21 米，长 0.66 米，卷云纹。桥顶为二条石，中间并列横砌块石，每块条石宽 0.60 米，长 3.44 米。长系石端首为鳌头状，长系石下留有素面间壁石，但不见楹联。桥顶券面石上双钩阴线篆书"万善"二字，非常典雅。万善桥虽不见于地方志记载，但其外缘饰乳钉纹的压券石、仰覆莲式的望柱与德清县三合乡的寿昌桥的压券石、望柱为同一风格，其压券石与江苏同里思本桥、上海金泽万安桥、苏州觅渡桥的压券石如出一辙。万善桥现存拱券的砌置方式采用了分节并列和横联分节并列两种方式，整个拱券的材质均为武康石。桥拱顶部三节保留了分节并列手法，两侧的四节加入了四根横联石，这应该是重修、重建万善桥对旧构件的合理再利用。分节并列和横联分节并列两种方式并用具有明显的过渡特征。

　　舍北村一带河网纵横，鱼塘星布，小小的村落，家家户户自古以来就以养鱼、种桑为业。村东的荷叶浦是德清面积最大的河漾之一，直通京杭大运河中线。到南宋时，自南浔东迁至杭州北新桥是斜穿杭嘉湖平原，从江苏到都城临安航行距离最短的航道，荷叶浦是此航线上的必经之地。元代诗人陈基有诗

图4-27   万善桥（位于德清县新安镇舍北村）

文题他在下塘道中逗留的五处地点，分别是：谢村、塘西、东迁、
南浔、荷叶浦。清人蔡熙的《清溪竹枝词》，其中有一首写的
就是下舍荷叶浦："村居下舍近渔庄，郎理鱼罾妾理妆。轻桨
晓穿荷叶浦，恐他好梦破鸳鸯。"以前荷叶浦应该是种莲荷的，
徐以泰《绿杉野屋集》卷二有《临溪曲二十四首》，写德清风物，
第十六首就写荷叶浦风物："荷叶浦头明月多，教郎吹笛唱侬
歌。莲心的的须含露，莲叶田田自贴波。"同卷又有《荷叶浦》
一首："鱼戏各西东，鸥飞时一两。不见采芳人，遥怜唱歌响。"

万善桥所在村古称蔺村，在荷叶浦西岸，历史上，德清有两个蔺相如庙：一个在苎溪漾的南岸，所谓北院是也；一个就在蔺村，即南院，也叫南庙。嘉泰《吴兴志》都有记载，可见历史悠久。蔺村除了蔺相如庙，还有张仙殿，民国《德清县志》载：张仙殿，俗称百子堂。从此句看，其功能相当于送子观音。张仙，传说是五代十国时的蜀王孟昶。孟昶何以被称为"张仙"？又为什么会被供奉在此？这与蔺相如庙一样，尚是未解之谜。

5. 清河桥

位于乾元镇直街社区务前街与县街交叉口，北宋治平年间（1064—1067）始建，单孔石拱桥，浙江省文物保护单位。

清河桥用武康石砌筑，长 16 米，宽 3 米，拱跨 8.6 米。有关清河桥最早的记载见诸南宋嘉泰《吴兴志》："北流水，在德清县前，其水分派于余不溪，自清和石桥下，北流至沙村与武康前溪水合，又北至岘山漾与余不溪水合，共入定安门，至江子汇为雪溪。"《吴兴志》是南宋嘉泰年间官方编修的一部地方志，称"清和石桥"，说明最迟到嘉泰年间（1201—1204）其已是石桥。《永乐大典·湖州府》记载得更为详细："清河桥在县，《旧志》：在县东一百七十步，跨北流水，宋治平间县令陈之方建。"治平是宋英宗赵曙的年号。环太湖地区一直到北宋晚期才开始易木以石进入"石桥时代"，治平年间应该进入"叠石甃甓""不复用红栏"的时代了。万历《湖州府志》记载较为简单："清河桥，县学宫前。"现在学宫的大成殿还保存完好，是清光绪二十三年（1897）重建的。

　　清河桥地处老县城闹市，应该经历过多次重建和重修。但有据可查的纪年有两处，一处是府志县志记载的治平年间。另一处在东侧桥栏上，清河桥的桥名被刻在桥栏外侧，至今仍可看到其双钩的空心字，旁边桥铭上依稀可见"道光八年（1828）十一月吉旦"字样，该是现桥重建的时间。重修带来清河桥造型上的庞杂。清河桥拱券的砌置方式采用了横联分节并列方式，整个拱券的材质均为武康石，稍有些变形。桥面与后期清代折边八字形不同，略呈长弧形，阶石平缓，垂带石横向凿出浅浅的阴刻线槽，起到很好的防滑作用。中间的垂带石向中间微微拱起，外侧凿出了五个圆形檐头。清河桥最有特色的是它的桥栏，为桥中段不用望柱的长弧形寻杖栏杆，整桥仅在桥栏南北两端

图4-28　清河桥（位于乾元镇直街社区务前街北端）

各设望柱，共 4 个，望柱头为仰覆莲瓣状，望柱外沿支撑卷云纹抱鼓石。东侧刻有"道光八年"（1828）等文字的桥栏应该是重建后修补的，跟老桥栏有明显的差别：云拱雕刻简单，浮雕效果不明显；寻杖与盆唇之间镂空，原始的是细长方形，而修补的明显短了很多，略呈椭圆形；双钩的空心字桥额东西侧也有明显的差异。乾元地处德清县中部，杭嘉湖平原西部，兼有平原山川之胜，始建于唐朝天授二年（691），1994 年前置县治于此。历史上有运河过境，交通优势明显。清河桥俗名孩儿桥，民间传说孕妇和新生儿走过此桥，能平安幸福，所以就有了孩儿桥的俗名。旧时结婚娶新娘，花轿都要从孩儿桥上抬过，为的是讨个好彩头，这个习俗一直持续到了日寇进犯德清。20 世纪 90 年代中期，孩儿桥就有过废存之争，后来乾元镇在旁边另建一桥，孩儿桥终得以保留。

6. 源洪桥

位于吴兴区东林镇青联村新桥头自然村，始建于南宋咸淳五年（1269），南北向，单孔石拱桥，浙江省文物保护单位。

距武康石产地中心不到 20 公里的东林也是宋元古桥分布的一个重要区域。东林境内现存武康石桥达 20 多座。现在能找得到确切纪年的，最早为咸淳五年（1269）的源洪桥，最晚为正德九年（1514）的圣化桥，从南宋一直到明代中期。武康石古桥中的源洪桥和妙济桥已被列为省级文物保护单位，迎福桥、宁远桥、圣化桥为市级文物保护单位，永安桥、回仙桥、迎锦

图4-29　源洪桥（位于吴兴区东林镇青联村）

桥、运通桥为市级文保点。源洪桥，俗称卖鱼桥，拱券石上有明确纪年题刻南宋咸淳五年（1269），万历《湖州府志》菁山区域有洪源桥的记载，应该就是此桥，桥名记载有误。新桥头正好处在104国道和杭宁高速的夹角里，有着750多年历史的古桥能幸存下来，真的是一个不小的奇迹，同时也说明，这里自古就是杭湖间的陆路交通要道。源洪桥是湖州原始风貌保存最好的南宋单孔石拱桥，略显破损，但不见后代任何重修痕迹，没有太湖石及花岗岩等明清造桥常见石材。

　　源洪桥整桥皆用武康石建成，长 16 米，宽 2.9 米，具有鲜明的宋桥特征：一是拱券造型为分节并列法圆弧形坦拱，没有横联石，拱券内顶部没有龙门石，拱券整体呈弧形，无护券眉石。二是从侧面看桥面也呈坦弧形，源洪桥桥顶面至两坡脚横向用 5 块长弧形条石纵向错缝铺就，桥顶中心不设定心石，通常应为阶级结构的两坡脚中间的 3 块石板表面不采用石阶，而是设计了纵向间距在 80 厘米左右的横向栉阶，这种形式亦称"马道"。长弧形桥栏、其断面呈须弥座式，桥栏和望柱破损今日已修复，这样就形成了拱券和桥面的双坦弧。三是雕刻纹饰为典型的宋代风格，长系石端面雕刻花卉纹，压券石装饰乳钉纹，垂带石、仰天石侧面或两端镌刻蔓草纹、勾云纹等。五是楷书阴刻桥名，源洪桥桥额为楷书阴刻"源洪"，咸淳年间创建的国宝寿昌桥，

图4-30　雪中源洪桥（位于吴兴区东林镇青联村）

同样只有"寿昌"二字，省略了"桥"字。源洪桥的减地浮雕四季花卉都保存相当完整，剔地去料，将花卉形象雕刻出来，比较写实，立体浮雕效果非常好。长系石和横帽梁端首的减地浮雕花卉是湖州宋元武康石古桥辨识度很高的特色之一，历经数百年保存至今的还是相当罕见，实属不易。

7. 长寿桥

位于南浔区菱湖镇南商林村梧桐禅寺前，南北向，单孔石拱桥，湖州市文物保护单位。

据记载长寿桥始建于北宋太平兴国八年（983），但现桥的武康石主体建于南宋大致是不错的，长寿桥长约 13 米，宽 2.7 米。节并列砌置的圆弧形拱券、长弧形的须弥座桥栏、长系石端面饱满的四时花卉雕刻、双钩阴刻的"长寿桥"桥额字迹挺秀，都是典型的宋元桥风格。最为难得的是，清代以花岗岩补缀过缺损的部件，依然仿造宋代武康石的造型，而关键部位基本保留了原构精华，整体未失宋桥风韵。《归安县志》载："南商林市，在县东南六十里，地居商林之南故名。分东西村，市廛数十家。"南商林扼守水路要冲，村落和集市与漾同名，位于商林漾东，号称"九河十三井"，亦自南宋繁盛。南商林村，南有集市太平桥，北有佛寺长寿桥，东村东兴桥，西村长生桥，太平兴隆，长寿长生，都是百姓美好的祈盼。南商林河荡密布，具有典型的水乡湿地景观，是一个典型的湖群粮桑渔区。河港交错，漾荡、池塘星罗棋布，出门行舟，河港两岸杨柳垂河，

图4-31 长寿桥与梧桐禅寺（位于南浔区菱湖镇南商林村）

芦苇丛生。桑基鱼塘的原始自然生态保存良好。桥的命名具有
一定的区域特点和时代特征。下昂至东林一带，历来是桑基鱼
塘的核心区域之一。在南北不过 6—7 公里的狭长地带，就有 7
座带"寿"字的石桥，其中四座为"长寿桥"，建造年代则宋、
元、明、清、民国皆有。

8. 李王桥

位于安吉县递铺街道安城村西山边李王山麓，东西向跨西
坑溪，单孔石拱桥，安吉县文物保护单位。

李王桥是湖州地区现存最古老的石拱桥，曾名白云桥、秦

公桥，但桥上不见桥额石。嘉泰《吴兴志》记载："秦公桥，在县西三里，上有方寺，前故相秦桧之父敏学，元丰七年（1084）为县主簿，始创此桥。"李王桥虽历经多次重修，还是比较完整地保存了始建时的主体架构，是湖州易木为石早期的石构佳作。桥长 28 米，宽 4.57 米，通高 4.3 米，拱跨 11.8 米。东端引桥短，西端引桥长。并列的拱券石多达 7 块，宽达 4.57 米，这在古桥中非常少见。李王桥的拱券和金刚墙均采用武康石材，拱券分节并列错缝砌置，且为典型的宋代圆弧形拱，残留的须弥座桥栏有精美的鸿雁和花卉雕刻。两侧金刚墙为块石和条石错缝砌筑，不见后期靴钉，也是非常古老的砌置法。李王桥这些造型特征和技术风格，在稍晚于它的德清宋元古桥群中有充分的体现。始建李王桥的秦敏学是南宋权相秦桧之父，元丰七年（1084）在安吉担任主簿。后来做过信州（今江西上饶）玉山县令、静江府（今广西桂林）古县县令等，其为官正直，"皆以清白闻名"。绍兴十九年（1149），宋高宗在其碑首书"清德启庆之碑"。其妻王氏，南昌人，出身仕宦人家，封秦国夫人，追封秦魏国夫人。秦敏学有四个儿子，秦桧排行第三。嘉靖《安吉州志》记载，白云桥"一名秦公桥，秦公名敏（学），桧之父，曾为主簿，于此建之，后更今名。恶桧及其父也"。

据桥面南侧中心条石上刻"大清康熙壬申年（1692）造"推断，此桥在清初重修过一次。桥中心西侧还镶嵌有一块"于斯万年"的碑，碑的右侧刻有纪年"光绪七年（1881）三月"，说明此桥在清末又有过一次重修。当地传说，太平军忠王李秀成曾在此与清军激战，大获全胜，邑人为纪念李秀成，将此桥

改名为李王桥。此传说的可信度不高，但 1881 年这次重修跟桥
在战争中的损毁应该有着很大的关联。根据现场的仔细考证，
清代的两次重修主要是更换和维修桥面，李王桥的拱券部分依
然保留了宋代的原始风貌——圆弧拱、武康石质、分节并列错缝，
这些当是秦敏学始建此桥的旧构，十分珍贵。而李王桥的得名
最大可能跟历史上的"李王"信仰有关，或许跟李王桥"上有
方寺"曾经供奉的神灵有关。环太湖地区的杭州、湖州、苏州、

图4-32　李王桥（位于安吉县递铺街道安城村）

常州等地都有跟李王有关的古桥。关于"李王"的身份，有两种不同的说法：一是说神姓李，名禄，长兴童庄人，宋理宗时，李王曾经显灵保住湖州全城百姓，于是邑人立庙祭祀。二是说这位李王是南宋抗金名将李显忠。明龚立本《常熟县志》记载，李王在明代被册封为"灵惠英烈福济显忠王"。

9—10. 大溇桥与永隆桥

位于吴兴区高新区大溇村中，单孔石拱桥，湖州市文物保护点。

唐末五代，南太湖弧形的滨湖高地在水流作用下形成，吴越贞明元年（915）置都水营使，成立"撩浅军"，开始了治湖筑堤大规模的农田水利建设，最终形成了"横塘纵溇"的北排格局。溇港水利体系早在南宋就已经基本定型了，溇港区的桥梁与水闸建设是与溇港开挖同时进行，嘉泰《吴兴志》还载："沿湖之堤多为溇，溇有斗门制以巨木甚固。"南宋绍熙二年（1191），湖州知州事王回修溇港时，"桥闸覆柱皆易以石"，说明溇港早期的桥与闸主要是木构的，绍熙重修易木为石。绍熙石桥是溇港古石桥的起造之始，同治《湖州府志》也多次提到绍熙故址，如"许溇桥名常禧绍熙故址""谢溇桥名常裕绍熙故址""陈溇桥名常通绍熙故址"等。溇名冠以"常"字，在如今的滨湖溇港还是有迹可循，横跨沈溇有三孔石梁桥——常熟桥，横跨谢溇有单孔石拱桥——常裕桥，两桥虽经重修重建，但其上还存有不少武康石构件。绍熙易木为石，所用石材就是产自德清

图4-33　大㙮桥（位于吴兴区高新区大㙮村）

的武康石。

大㙮，长 2.1 公里，是列入第八批全国文物保护单位太湖㙮港项目的 19 条㙮港之一。大㙮桥，单孔石拱桥，长约 15 米，位于大㙮村塘北自然村中，横东西向跨大㙮，是太湖㙮港现存最古老的石拱桥之一，极有可能是南宋绍熙遗构。大㙮桥整座桥用材为武康石，桥额因风化模糊不可考，从石材的风化程度来看年代相当久远。造型装饰风格具有鲜明的宋桥特点：桥拱为分节并列的圆弧拱，桥面呈弧形，而且踏步收分明显；大㙮桥西北侧有移置的旧桥栏，为须弥座式的弧形桥栏；长系石端面为减地浮雕花卉。大㙮桥的金刚墙上长满薜荔、枸杞等，尤其从北侧看其完全是一座藤桥，小桥、流水、民居融合一体。

图4-34 永隆桥,分节并列的拱券(位于吴兴区高新区大溇村)

永隆桥，单孔石拱桥，位于大溇村小斗自然村中大溇转弯处，桥略呈西北—东南走向。永隆桥于清康熙己巳年（1689）重修，但整桥主要为武康石材质，仅金刚墙使用少量太湖石。永隆桥重修后仍保留许多宋桥特色，如分节并列砌置的圆弧拱，阴刻的桥名，弧形桥面，弧形微拱条石纵铺若干节以形成连续桥面，等等。

11. 仙桥

位于德清县下渚湖街道杨坟村上杨村北，距升玄观 100 米，南北向，单孔石拱桥，德清县文物保护单位。

发源于天目山的南、北、中三路水系在瓶窑合流为东苕溪，流至三合康家山，折而向北，左岸连绵的峰岭自古统称为禹山，山间有禹溪横贯西东汇入苕溪，散布于溪涧两侧的村落就是杨坟。宋室南渡，武康成了"京畿之邑"，杨坟紧邻东苕溪，沿水路去都城很近很方便，因而获得了千载难逢的发展和建设机遇。杨坟的得名则与南宋名将杨存中有关，嘉泰《吴兴志》记载："宋杨和王存中奏束力葬其地，厥后遂城墟市，名杨村。"当地人俗称为杨坟。杨存中，本名沂中，为北宋名将杨业第八世孙。从小聪慧机敏过人，力能绝人，志向高远的他豪言"大丈夫当以武功取富贵，焉用俯首为腐儒哉！"杨存中一生身经百战，功勋卓越，与岳飞、韩世忠等并称为"南渡十将"。侍卫禁中数十载，以太师致仕，乾道二年（1166）病故，追封和王，谥武恭。

杨家与禹山渊源匪浅，杨存中最早为父在禹山的翔凤山建了衣冠冢。其子杨偰后来也葬于禹山的黄山，杨氏三代择墓于此。杨存中早在高宗绍兴年间就常年居住于禹山之麓，在这里建道观，修佛寺，架桥梁。明嘉靖《武康县志》记载："升元观，在县东南三十五里禹山麓，宋绍兴二十六年（1156）和王杨存中建，高宗赐御书额。""资福寺，在翔凤山，唐季古刹也。宋绍兴二十六年和王杨存中重建为功勋院。高宗在驾亲临，改赐显忠崇孝资福寺。""俞家桥、仪桥、登云桥、潮音桥，俱县南三十五里。上四桥，宋绍兴二十六年和王杨存中建。"如今升玄观、资福寺遗址犹存，永安桥、禹桥、仙桥、响水桥等多座宋代风格的古桥犹在，仍可供我们凭吊怀古思幽。

图4-35   仙桥（位于德清县下渚湖街道上杨村）

进升元观首先要经过横跨禹溪的仙桥。仙桥为单孔石拱桥，桥面与驳岸连成一体，全武康石材质。桥西有台阶可下到桥底，是村里人夏日劳作之余纳凉的好去处。仙桥桥拱为分节并列砌置而成，两侧的金刚墙用长条石错缝叠砌，桥直接架于两岸的石驳岸上，驳岸长 15 米，十分气派。此桥应为南宋绍兴年间杨存中所建的诸桥之一，但跟其他武康石圆弧石拱桥不同，这是一座标准的半圆拱桥，这跟其所跨溪涧深切但跨径不大有关。穿过茂密的修竹林便是升玄观，观前石池上有一座小巧玲珑的石拱桥，桥顶凿刻有石棋盘。桥池畔常有道家举行得道成仙诸仪式，此小桥即为仪桥无疑。

12. 兴福桥

位于长兴虹星桥镇厚全村狮子桥村东，南北向，单孔石拱桥，长兴县文物保护单位。兴福桥，俗称狮子桥，是一座形制独特的石拱桥，长约 12 米，宽 1.62 米。兴福桥桥面和拱券为武康石，金刚墙及压券石则为太湖石，从桥的侧立面看就仿佛是青白的石桥镶嵌了两圈弧形的紫色花边。兴福桥具有鲜明的宋元风格，是典型桥拱桥面双弧形石拱桥。兴福桥拱券由武康石材砌置，保存完好，是典型的分节并列圆弧拱，其圆弧角度与德清的永安桥、东林的源洪桥相近。兴福桥桥面也为弧形，虽有损毁，但从古桥保留相对完整的南侧还能判断得出，原先的桥面是由两块带睑边的武康石并排，分三节联结成弧形的桥面。南北的桥面纵梁底端有卷云纹，武康石的桥面上有幻方的线条镌刻，与杨坟永安桥桥面镌刻一致，体现着某种辟邪功能。虽经后期重修时用花岗岩更换了一块桥面板和几块拱券石，但未改变整个桥的造型，更换的桥面板做法完全仿制旧的武康石桥面板。兴福桥中间武康石纵梁侧面阴刻"兴福桥"，无重建字样。兴福桥是湖州境内现存最早使用太湖石的拱桥之一。兴福桥金刚墙由太湖石砌置，最有特点的是压券太湖石上的雕刻，有卷云纹、方胜纹、乳丁纹，太湖石上这些雕刻与元代太仓石拱桥太湖石上的雕刻十分接近，乳丁纹装饰常见于宋元拱桥，如德清的寿昌桥、吴兴的源洪桥、吴江的思本桥、青浦的普济桥都有乳丁纹装饰，不过这些桥上的乳丁纹镌刻在武康石材上，而兴福桥的乳丁纹镌刻在太湖青石上。兴福桥是长兴长泗平原圩区唯一的宋元风格石拱桥。

图4-36 兴福桥，分节并列的拱券（位于长兴县虹星桥镇厚全村）

宋元风格桥梁简析

一、单孔石梁桥

1. 永安桥（吴兴区东林镇青联村永年庵自然村）

桥台已改，桥面由两块武康石纵梁并铺而成。纵梁由两边向中间逐渐增厚，呈下平上弧形态，微拱。纵梁外侧出檐，做成垂直折沿形的睑边，侧面端首减地阳刻勾云纹，中间阴刻桥额"永安桥"。桥不设台阶，桥面直接连通路面。桥西南约500米有南宋画僧梵隆始建的常照寺。

2. 永安桥（吴兴区红里山村104国道以东凉亭山麓西施红公路口）

整桥为武康石材质。桥面由两块武康石纵梁并铺而成，纵梁由两边向中间逐渐增厚，呈下平上弧形态，微拱。纵梁外侧出檐，做成垂直折沿形的睑边，端首减地阳刻勾云纹，侧面端首减地阳刻勾云纹，中间阴刻桥额"重兴永安"，镌刻手法与咸淳年间的寿昌桥和源洪桥一致。桥不设台阶，桥面直接连通路面。

3. 凤凰桥（吴兴区东林镇泉心行政村高桥头自然村，东邻

图4-37　凤凰桥（位于吴兴区东林镇泉心村）

保戈公路）

　　整桥为武康石材质。桥面由两块武康石纵梁并铺而成。纵梁由两边向中间逐渐增厚，呈下平上弧形态，微拱。纵梁外侧出檐，做成垂直折沿形的睑边，侧面端首减地阳刻勾云纹，中间阴刻桥额"凤凰桥"。清光绪年间重建未见改变桥孔的原始结构。

　　4.东老桥（吴兴区东林镇东明行政村老市里自然村市河最南端）

　　整桥为武康石材质。此桥为纪念北宋沈东老而建。苏轼曾手书桥额。沈东老即沈思，字持正，因隐居归安县东林镇而终老，故号东老，以乐善好客闻名乡里。相传，北宋熙宁元年（1068）

八月十九日，吕洞宾自称回山人，前往拜访沈东老，饮醉后以石榴皮题诗于东老庵壁。现桥为明代改建。

5. 永兴桥（南浔区菱湖镇射中村村东小河上）

整桥为武康石材质。位于原鹿苑寺前，俗称寺前桥，唐大历年间，鹿苑寺承诏改名为永兴寺，相传桥额为时任湖州刺史颜真卿题写。桥面分三段，每段桥面由 5 块武康石梁并排构成，每块石梁都呈下平上弧形态，外侧带折沿形睑边。桥面中段为跨径桥孔，两侧桥墩六根立柱紧靠桥台金刚墙。南北两段桥面以倾斜的姿态直接铺设于桥台之上，不设台阶，直接与路堤相衔，整个桥立面呈连续的长弧形。武康石纵梁中间阴刻桥额"永兴桥"，北侧桥墩排柱上刻着"永安桥，石匠徐筼徐稹"，一桥两名，永安、永兴含有美好的寓意。清顺治戊戌年（1658）重建。

6. 永安桥（南浔区东迁街道西阳村里塔自然村西）

整桥为武康石材质。桥面由两块武康石纵梁并铺而成，纵梁由两边向中间逐渐增厚，呈下平上弧形态，微拱。纵梁外侧出檐，做成垂直折沿形的睑边，侧面端首减地阳刻勾云纹，中间阴刻桥额"永安桥"。南堍金刚墙排柱镌有"峕至大三年（1310）岁次庚戌五月二十一日重新建造，谨题"。桥台金刚墙为武康条石错缝平砌。清道光二年（1822）重建。

7. 寿仙桥（南浔区菱湖镇下昂村前家自然村西）

整桥为武康石材质。桥面由两块武康石纵梁并铺而成。纵梁由两边向中间逐渐增厚，呈下平上弧形态，微拱。纵梁外侧出檐，做成垂直折沿形的睑边，侧面端首减地阳刻勾云纹，中间桥额做成匾额式样，阴刻桥名"寿仙桥"。

8. 福庆桥（南浔区和孚镇民当村安兜自然村北，湖盐公路与和朱线路口东边 200 米处小河上）

用石比较杂，桥台排柱与南侧纵梁为武康石材，纵梁由两边向中间逐渐增厚，呈下平上弧形态，微拱，纵梁外侧出檐，做成垂直折沿形的睑边。阴刻桥名"福庆"，不带"桥"字，与寿昌桥与源洪桥做法一致。

图4-38 福庆桥（位于南浔区和孚镇民当村）

9. 富新桥（德清县洛舍镇洛舍村洛舍中心学校南）

整桥为武康石材质。桥面由四块武康石纵梁并铺而成，由两边向中间逐渐增厚，呈下平上弧形态，微拱，外侧阴刻桥额"富新桥"。桥面置栏板，中间栏板内侧为须弥座式，外侧为素面，栏板之间用望柱相间，中间为覆莲形望柱，与寿昌桥望柱相似。始建于南宋，清雍正九年(1731)、道光二十八年（1848）重建。

10. 圣堂桥（德清县钟管干村村大河头自然村）

整桥为武康石材质。桥面由两块武康石纵梁并铺而成。纵梁由两边向中间逐渐增厚，呈下平上弧形态，微拱。纵梁外侧出檐，做成垂直折沿形的睑边，侧面端首减地阳刻勾云纹。俗称圣堂桥，但西侧纵梁阴刻桥额"永平桥"，东侧纵梁阴刻桥额"善兴桥"，两条武康石纵梁宽度、厚度及形制完全一致，属于"一桥两名"。

11. 新丰桥（德清县钟管镇干山村石塘自然村）

整桥为武康石材质。桥面由两块武康石纵梁并铺而成。纵梁由两边向中间逐渐增厚，呈下平上弧形态，微拱。纵梁外侧出檐，做成垂直折沿形的睑边。横帽石梁东侧端首减地浮雕花卉，中间阴刻桥额"新丰桥"，俗称圣堂桥。桥台金刚墙为武康条石错缝平砌。

12. 庙桥（德清县新市镇栎林村敬老院前小河上）

栎林村是南朝古村、文人栎林之都，也是历史名村，南朝章皇后故乡，目前有古庙桥、古樟树等故迹。桥面置须弥座栏板，栏板两端置覆莲式望柱。桥台金刚墙为武康条石错缝平砌。

13. 社桥（德清县新安镇新桥村新桥自然村）

整桥为武康石材质。桥面由两块武康石纵梁并铺而成。纵梁由两边向中间逐渐增厚，呈下平上弧形态，微拱。纵梁外侧出檐，做成垂直折沿形的睑边。中间双钩阴刻桥额"社桥"。桥台金刚墙为武康条石错缝平砌。咸丰乙卯年（1855）重建。

14. 上桥（德清县阜溪街道龙山村长安里上桥自然村）

整桥为武康石材质。桥面由两块武康石纵梁并铺而成。纵梁由两边向中间逐渐增厚，呈下平上弧形态，微拱。纵梁外侧出檐，做成垂直折沿形的睑边。纵梁侧面减地浮雕乳丁纹与如意云纹，与德清古桥云纹饰一致。桥面上铺设须弥座桥栏，略呈弧形。

15. 喉咙桥（德清县阜溪街道郭肇村丁家浜高畈溪流上）

此桥所用石材不是武康紫石，而是武康黄石，东侧纵梁正中一般镌刻桥额，但此桥镌刻两行行楷文字"绍兴丁丑二十七年，季□□甲子□□日□"。

16. 响水桥（德清县下渚湖街道上杨村大草棚自然村）

整桥为武康石材质。桥面由两块武康石纵梁并铺而成。纵梁由两边向中间逐渐增厚，呈下平上弧形态，单孔也呈微拱。纵梁外侧出檐，做成垂直折沿形的睑边，端首减地阳刻勾云纹。傍岸与升仙观前仙桥相仿，应该为同一时期建筑。

17. 小梅子桥（德清县钟管镇干山村百家井自然村）

整桥为武康石材质。桥面由两块武康石纵梁并铺而成。纵梁由两边向中间逐渐增厚，呈下平上弧形态，单孔也呈微拱。纵梁外侧出檐，做成垂直折沿形的睑边，端首减地阳刻勾云纹，桥额湮灭难辨。金刚墙为武康条石错缝平砌。

图4-39　永利桥（位于德清县下渚湖街道八字桥村）

18. 永利桥（德清县下渚湖街道八字桥村大岭山东）

整桥为武康石材质。桥面由两块武康石纵梁并铺而成。纵梁由两边向中间逐渐增厚，呈下平上弧形态，微拱。纵梁外侧出檐，做成垂直折沿形的睑边，外侧端首减地阳刻勾云纹，中间阴刻桥额"永利桥"。

19. 永安桥（德清县禹越镇三来村圣堂自然村）

整桥为武康石材质。桥面为面弧两侧带睑边的独块武康石梁，由两边向中间逐渐增厚，呈下平上弧形态，微拱，中间阴刻桥额"永安桥"。光绪二年（1876）重建。

20. 丁青桥（德清县阜溪街道秋山村丁墓村）

整桥为武康石材质。二根梁石并架，石面风化较重，直梁，梁侧无折边、无雕饰、无字刻；两头桥台也用二根条石并竖，石厚 0.28 米，外缘有倒角，上盖帽梁（承梁石），凿有托木孔。莲叶荷花字堂题刻在西头南侧的墩石上，上左右三边有框，荷叶帽、莲花座，全高 1.16 米。题刻分为三行："舍钱都檀越姚十二娘事 / □助缘檀越朱念五娘事 / 皇宋岁次壬子四月辛未吉日建造。"由此可知此桥最迟始建于南宋淳祐十二年（1252）。丁墓即丁固墓，丁固是三国时期人，"历显位，孙休时，固为左御史大夫，孙皓即位，迁司徒"，宋《太平寰宇记》对此墓已有记载："丁固墓，吴司空也，在县东一十五里。"后来，丁墓就沿用为地名。

21. 庆元桥（长兴县李家巷镇石泉村）

桥面纵梁为两条宽大的带弧形的武康石，护栏和抱鼓石为花岗石，为清嘉庆年间重修所改。根据武康石用材以及"庆元"之桥名，该桥应当是初建于南宋庆元年间（1195—1200），后来又在明代中期以及清代重建，见证了石泉村千年来的辉煌历史。

22. 涧湾桥（长兴县洪桥镇涧湾村西口沿溪涧上行 400 米）

整桥为武康石材质。桥面由两块武康石纵梁并铺而成。纵梁由两边向中间逐渐增厚，呈下平上弧形态，单孔也呈微拱。纵梁外侧出檐，做成垂直折沿形的睑边，端首减地阳刻勾云纹，具有明显的宋元风格。宋元时弁山盛行一时，沿溪涧而上是上弁山碧岩寺的宋元古道，下行就是水路，可通太湖，从小梅口转而去湖州。

23. 花石桥（长兴县洪桥镇图影村李家荡自然村）

桥面只剩下东侧一块武康石纵梁,由两边向中间逐渐增厚,呈下平上弧形态,单孔也呈微拱。纵梁外侧出檐,做成垂直折沿形的睑边,端首减地阳刻勾云纹,因此唤作花石桥。

二、两孔石梁桥

1. 凉亭桥（吴兴区红里山村 104 国道以东凉亭山麓西侧凉亭畈上）

整桥为武康石材质。桥面由两块武康石纵梁并铺而成。纵梁由两边向中间逐渐增厚,呈下平上弧形态,微拱。纵梁外侧出檐,做成垂直折沿形的睑边,端首减地阳刻勾云纹,具有明显的宋元风格。排柱外沿不是一般的倒角杀棱,而是把迎水面做成分水尖,具有山区桥梁的特点。

图4-40 凉亭桥（位于吴兴区道场乡红里山村）

2. 永宁桥（吴兴区东林镇三合村横路桥自然村）

整桥为武康石材质。桥面由两块武康石纵梁并铺而成。纵梁由两边向中间逐渐增厚，呈下平上弧形态，微拱。纵梁外侧出檐，做成垂直折沿形的睑边，端首减地阳刻勾云纹，具有明显的宋元风格。此桥的特点是在桥梁中间加了一组分列间排的立柱，保留了木构梁桥八字排架的特点。清道光丙申（1836）重建。

3. 禹山桥（德清县下渚湖街道上杨村与下杨村交界处的禹溪上）

整桥为武康石材质。桥面由两块武康石纵梁并铺而成。纵梁由两边向中间逐渐增厚，呈下平上弧形态，微拱。纵梁外侧出檐，做成垂直折沿形的睑边，端首减地阳刻勾云纹。横帽石梁端面为减地浮雕花卉，与兼济桥浮雕相似。清道光《武康县志》载："在县东南二十里有禹山桥，宋嘉定间僧智德建。"

三、三孔石梁桥

1. 迎福桥（吴兴区东林镇星敏行政村后骧自然村）

此桥在中华民国六年（1917）重建时，只是把中孔南侧桥面纵梁和中孔西侧帽横梁更换为花岗岩，其余部分的武康石构件均得以保留。三长条石竖式排柱桥墩，排柱间有空隙略呈分列状，排柱上相对有两处荷叶莲花字堂，字迹因风化辨识困难，但依旧能辨认出"延祐""重建"等字样，延祐（1314—1320）是元仁宗的年号。桥面采用两块长弧形条石纵铺的做法，

图4-41　迎福桥（位于吴兴区东林镇星敏村）

加之中间排柱墩高于两侧金刚墙，使得桥面呈现比较明显的弧形。桥面纵向两侧为折沿风格，纵梁两端雕刻有浮雕缠枝纹、祥云纹。四条帽梁石中有三条为武康石材质，端面雕刻半浮雕祥云纹、四季花卉纹。北侧中孔武康石纵梁桥额为阴刻楷书"迎福桥"。

2.回仙桥（吴兴区东林镇东明行政村老市里自然村）

此桥保存了大量武康石构件，长条石并列竖式排柱桥墩，排柱外侧倒角杀棱，帽梁石端面浮雕花卉，桥整体略呈弧形，外侧桥面纵梁除北侧中孔外均为武康石带折沿风格，桥面长弧形武康石桥栏，其断面呈须弥座式，间设覆莲式望柱等，都具有鲜明的宋元风格。回仙桥始建于北宋，相传北宋熙宁中，回仙人吕洞宾拜访沈东老，饮醉后以石榴皮书此诗于壁上，在回仙桥头飞升而去，此桥因而得名"回仙桥"。苏轼曾经到访，并题写桥额。

3. 至大桥（南太湖新区白雀村庙桥自然村）

此桥是一座元代年号桥，至大（1308—1311）是元武宗年号。整桥以武康石材为主，光绪十三年（1887）重建时，中孔纵梁替换为花岗岩。曾经的中孔纵梁被移至南侧边孔重新利用，"重建至大"双钩阴刻清晰可辨。排柱墩立面多处莲叶荷花字堂、

图4-42　至大桥（位于南太湖新区白雀村）

排柱立柱外沿倒角杀棱、横帽石梁端面减地浮雕花卉纹和祥云纹、桥面镌刻横向栉阶等，都带有鲜明的宋元风格。

4. 忠兴桥（吴兴区龙泉街道米兰花园大门边）

此桥虽历经改造，但仍保留了大量武康石构件。东侧边的武康石纵梁也是由两边向中间逐渐增厚，下平上弧，呈典型的微拱。纵梁外侧出檐做成垂直折沿形的睑边，侧面端首减地阳刻勾云纹。最重要的是，在东南纵梁外侧镌刻着"皇宋绍熙三年（1192）岁次壬子"等字样。这说明该桥的武康石旧构应该就来自绍熙三年（1192）那一次重修，此时正是湖州古桥易木为石的高峰期。

5. 嘉定桥（吴兴区妙西镇五星村沈店自然村南侧300米，位于乌龟山和东山之间）

此桥是一座南宋年号桥，嘉定（1208—1224）是宋宁宗的最后一个年号。此桥虽经改造，但仍保留了大量武康石构件，纵梁外沿的缠枝纹饰及横帽石梁端面的花卉雕刻，都符合南宋的时代特征。此桥一侧还镌刻另一个桥名"凤兴桥"，为花岗岩石材，可能是重修此桥时从他处移来。

6. 通济桥（吴兴区埭溪镇东红村南村自然村）

整桥以武康石材质为主。桥面由两块武康石纵梁并铺而成。纵梁由两边向中间逐渐增厚，呈下平上弧形态，微拱，纵梁外侧出檐，做成垂直折沿形的睑边。边孔纵梁侧面端首减地浮雕勾云纹，中孔纵梁侧面中间阴刻桥额"通济桥"。由两端桥台向中间桥墩梯次增高，一组弧形桥面纵梁连接闭合就成了完美的弧形连续桥面。桥不设台阶，桥面直接连通路面。民国八年

（1919）重建。

7. 下庄桥（南太湖新区龙溪街道芦山村目家埭自然村东南侧）

整桥以武康石材质为主。桥面由两块武康石纵梁并铺而成。纵梁由两边向中间逐渐增厚，呈下平上弧形态，微拱，纵梁外侧出檐，做成垂直折沿形的睑边。边孔纵梁侧面端首减地浮雕勾云纹，中孔纵梁侧面中间不见桥额，俗称下庄桥。由两端桥台向中间桥墩梯次增高，一组弧形桥面纵梁连接闭合就成了完美的弧形连续桥面。桥不设台阶，桥面直接连通路面。原有须弥座桥栏，现已损毁坠入河中。

8. 南旺石梁桥（吴兴区东林镇东明村南枉自然村，东横自然村与南枉自然村之间的港汊上）

整桥为武康石材质，现为藤蔓覆盖。三根武康石立柱并列竖置桥墩，排柱立面有多处莲叶荷花字堂。桥面由两块武康石纵梁并铺而成，纵梁由两边向中间逐渐增厚，呈下平上弧形态，微拱，纵梁外侧出檐，做成垂直折沿形的睑边。边孔纵梁侧面端首减地浮雕勾云纹，中孔纵梁侧面中间不见桥额。由两端桥台向中间桥墩梯次增高，一组弧形桥面纵梁连接闭合就成了完美的弧形连续桥面。桥不设台阶，桥面直接连通路面。

9. 元通桥（南太湖新区杨家埠街道戚家村南）

整桥为武康石材质，桥面由两块武康石纵梁并铺而成，纵梁由两边向中间逐渐增厚，呈下平上弧形态，微拱，但纵梁外侧无出檐，中孔纵梁侧面中间双钩阴刻桥额"元通桥"。这是一座圵门并排合一的古桥。中华民国九年（1920）重建。

10. 永济桥（吴兴区八里店镇义山村陆家巷自然村）

此桥桥面历经改造，但仍完整地保留了武康石排柱墩。三根武康石立柱并列竖置桥墩，排柱端面有多处莲叶荷花字堂。金刚墙为武康条石错缝平砌。清光绪二十六年（1900）重建。

11. 连通桥（吴兴区东林星火村后塘港自然村）

整桥以武康石材为主，三根武康石立柱并列竖置桥墩，排柱立面有多处莲叶荷花字堂。桥面由两块武康石纵梁并铺而成，纵梁由两边向中间逐渐增厚，呈下平上弧形态，微拱，纵梁外侧出檐，做成垂直折沿形的睑边。桥面是一组弧形桥面纵梁连接闭合呈大弧形，形制美观，边孔石梁末端雕云纹，半圆形云纹比例适度，逐渐收缩，形态美不胜收。

12. 开禧桥（吴兴区织里镇伍浦村西蒋溇自然村）

此桥是一座南宋年号桥，开禧（1205—1207）是宋宁宗的第三个年号。整桥以武康石材为主，两根武康石立柱并列竖置桥墩，横帽石梁端面为典型的鳌头状。桥面由两块武康石纵梁并铺而成，纵梁由两边向中间逐渐增厚，呈下平上弧形态，微拱，纵梁外侧出檐，做成垂直折沿形的睑边，边孔石梁末端雕云纹。桥面是一组弧形桥面纵梁连接闭合呈大弧形，形制美观。中孔纵梁侧面中间阴刻桥额"开禧桥"。

13. 庙前桥（南浔区和孚镇荻港村演教禅寺东南）

此桥南北两侧武康石桥栏镌刻有减地浮雕花卉、蔓草纹饰。武康石排柱墩保存完整，中孔南向武康石排柱上镌有"岜大岁戊寅嘉定（1218）六月"。武康石横帽石梁端面减地浮雕花卉纹饰具有典型的宋元风格，端面吞水兽雕刻，造型夸张古朴，

图4-43 庙前桥（位于南浔区和孚镇荻港村）

比较少见。清同治四年（1865）重建。

14. 永安桥（南浔区和孚镇张村安木自然村）

桥主体石材为武康石，民国重建时东西两侧桥台改为花岗岩石材砌置。四根武康石立柱并列竖置桥墩，排柱立面有多处精美的莲叶荷花字堂，镌有"岢丁未淳熙十四年（1187）九月庚申日建造"等字样。桥面纵梁呈下平上弧形态，外侧出檐，做成垂直折沿形的睑边。桥面原有弧形须弥座桥栏。

15. 青龙桥（南浔区和孚镇张村村中心村东）

桥面只剩边孔东南向纵梁为武康石原构，呈下平上弧形态，外侧出檐，做成垂直折沿形的睑边，端首减地浮雕勾云纹。武康石排柱墩保存完整，共有四处荷叶莲花字堂，其中居中的字堂可辨出"峕元贞叁年（1297），岁在丁酉……重建"等文字。民国十九年（1930）重建。

16. 高王庙桥（南浔区练市镇朱家兜村高王庙自然村东）

因桥堍原有高王庙而得名，高王庙桥保留了大量武康石构件。两块无睑边桥面纵梁，往中间有增厚，但桥面不带弧形，这似乎为武康石使用晚期的特点。中间桥墩排柱除了东北侧为花岗岩外，其余均为武康石。东西桥墩居中排柱墩有一对荷叶莲花字堂，东侧线框内镌有"峕大元皇庆二年（1313），岁在癸丑孟秋月吉漉募缘重建，谨题"字样。四根带有托木槽的横帽石梁均为武康石质，其中三根端面为鳌头状，东侧第二根端面为减地浮雕花卉纹饰，都是典型的宋元风格。清光绪年间（1875—1908）重建。

17. 萤贵桥（南浔区双林镇吴家庄村荣贵桥自然村）

此桥南侧北向武康石排柱上有荷叶莲花字堂，镌刻："峕至元四年后戊寅（1338）闰八月三日，僧崇真仁裕重建。"至元作为年号在元代用过两次：一是元世祖年号（1264—1294），凡三十一年；二是元顺帝年号（1335—1340），凡六年，亦称又至元，通称后至元。"峕至元四年后戊寅"是元顺帝时期纪年，即1338年。清乾隆三十八年（1773）重建，东西两侧桥额上的桥名不同，东侧镌刻"萤贵桥"，西侧镌刻"荣贵桥"。

18. 庆元桥（南浔区和孚镇横港村路家湾自然村南）

此桥是一座南宋年号桥，庆元（1195—1201）是宋宁宗的第一个年号。从桥梁构件来看，桥面纵梁中孔保存完整，为两块宽大的带睑边的弧形武康石梁，两侧均有阴刻桥额"庆元桥"，无重建前缀。东边边孔纵梁已经替换成花岗岩，西边边孔南侧仍为武康石旧构，北侧替换为花岗岩，桥下断裂带睑边的弧形武康石梁仍在，整个桥面呈明显长弧形，桥台两侧无台阶，路桥相连。中间三根武康石立柱并列竖置桥墩，西侧东向有荷叶莲花字堂，字迹模糊不可辨。上接两根带有托木槽的横帽石梁也均为武康石质，帽梁端面减地浮雕花卉纹饰具有典型的宋元风格。

图4-44　横帽石梁端首石刻（庆元桥，位于南浔区和孚镇横港村）

19. 开禧桥（南浔区和孚镇和孚村泉生路东侧市河上）

此桥是一座南宋年号桥，开禧（1205—1207），南宋皇帝宋宁宗的第三个年号，共计3年。整桥以武康石材为主，四根武康石立柱并列竖置桥墩，桥面由两块武康石纵梁加横铺小石板构成，纵梁由两边向中间逐渐增厚，呈下平上弧形态，微拱，纵梁外侧出檐，做成垂直折沿形的睑边。桥面是一组弧形桥面纵梁连接闭合呈大弧形，形制美观。中孔纵梁侧面中间双钩阴刻桥额"开禧桥"。清乾隆年间重修，两根横帽石梁替换为花岗岩石材。

20. 圣堂桥（南浔区石淙镇镇西村西汇角自然村中）

桥墩为四根武康石立柱并列密排竖置，上系武康石横帽梁，帽梁端面减地浮雕花卉纹饰具有典型的宋元风格。清咸丰六年（1856）重建。

21. 安庆桥（南浔区石淙镇镇西村鸟船浜自然村与陈家埭自然村之间）

桥墩为两根武康石立柱并列间排竖置，这样两立柱并列间排竖置桥墩的技术原型均源自简支木梁桥的八字排架。上系武康石横帽梁，帽梁端面减地浮雕花卉纹饰具有典型的宋元风格。清嘉庆四年（1799）重建。

22. 庆安桥（南浔区旧馆镇港胡村沈四桥自然村）

桥墩为两根一宽一窄武康石立柱并列密排竖置，上系武康石横帽梁，帽梁端面减地浮雕花卉纹饰具有典型的宋元风格。南侧边孔桥面纵梁保存完整，由两根一宽一窄武康石梁平铺而成，石梁呈下平上弧形态，外侧出檐，做成垂直折沿形的睑边，

图4-45 庆安桥（位于南浔区旧馆镇港胡村）

端首减地浮雕勾云纹。清嘉庆二十年（1815）重建。

23. 永安桥（南浔区旧馆镇新兴港村钱家麦汇自然村）

三根武康石立柱并列竖置桥墩，排柱立面有多处精美的莲叶荷花字堂，桥面纵梁呈下平上弧形态，外侧出檐，做成垂直折沿形的睑边，中孔纵梁侧面中间阴刻桥额"永安桥"。丁丑年（1877）重建。

24. 永安桥（南浔区菱湖镇六堡里行政村柏果树自然村）

三根武康石立柱并列竖置桥墩，排柱立面有多处精美的莲叶荷花字堂，上系武康石横帽梁，帽梁端面减地浮雕花卉纹饰具有典型的宋元风格。清道光丁未年（1847）重建。

25. 刘华桥（南浔区练市镇钟家墩村）

此桥为三孔木梁桥，并列间排竖置的武康石立柱，上系武康石横帽梁，上架纵向木梁，桥面铺设青砖。这样两立柱并列间排竖置桥墩的技术原型均源自简支木梁桥的八字排架。刘华桥建造技术与上海金泽元代桥梁迎祥桥如出一辙，可以断定为宋元遗风。

26. 福临桥（南浔区菱湖镇费家埭村灵山山前自然村）

桥墩为三根武康石立柱并列密排竖置，上系武康石横帽梁，帽梁端面减地浮雕花卉纹饰具有典型的宋元风格。清嘉庆年间重建。

27. 卖花桥（南浔区千金镇朝阳村卖花桥自然村东）

桥面已改，三根武康石立柱并列竖置桥墩，排柱立面有多处精美的莲叶荷花字堂。

28. 西亭子桥（南浔区练市镇车塔村车塔自然村）

三根武康石立柱并列竖置桥墩，排柱立面有多处精美的莲叶荷花字堂。桥面纵梁呈下平上弧形态，石面镌刻横向栲阶。

29. 前兴桥（南浔区善琏镇窑里村）

三根武康石立柱并列竖置桥墩保存完整，排柱立面有多处精美的莲叶荷花字堂。中孔南侧荷叶莲花字堂镌刻信士捐助建桥的信息如下："募缘会首王友清、潘政，同幹缘僧□□，同劝缘湖州管内都僧正赐紫妙□大师益闻，岁次壬戌闰十二月朔庚申日，谨题。"据此推算，宋代符合"壬戌年闰十二月"的只有南宋嘉泰二年（1202）。北侧荷叶莲花字堂镌刻"男进勇副尉□同姓□□□□恩聪家眷等各施净财"等。查《宋史》，"进勇副尉"为宋代低级武散官。

30. 望晖桥（南浔区菱湖镇下昂社区中心）

此桥有两对武康石望柱柱头坐狮，桥相传为宋末元初赵孟颊所创，就石狮的石材和威武端庄风格来说时代应该相距不远。此桥南侧桥墩外侧排柱为现存最宽的武康石排柱。

31. 兴福桥（南浔区菱湖镇南浜村章家埭自然村）

桥面保留的武康石纵梁由两边向中间逐渐增厚，呈下平上弧形态，微拱。纵梁外侧出檐，做成垂直折沿形的睑边，侧面端首减地阳刻勾云纹。石面镌横向栲阶。清光绪乙未年（1895）重建。

32. 安富桥（德清县新市镇白彪村堂前自然村中）

整桥为武康石材质。桥墩为三块武康石立柱并排竖置，外侧倒角杀棱。北边孔两侧排柱立面镌刻莲叶荷花字堂各一幅，可惜字迹湮灭不可辨。横帽石梁为典型的鳌头状。桥面由两块武康石纵梁并铺中间加横铺小石板构成。纵梁由两边向中间逐渐增厚，呈下平上弧形态，微拱。纵梁外侧出檐，做成垂直折沿形的睑边，侧面端首减地阳刻勾云纹，中间阴刻桥额"安富"，双钩阴刻且不带"桥"字，与寿昌桥、源洪桥做法一致。桥不设台阶，桥面直接连通路面。

33. 萧公桥（德清县阜西街道龙胜村前埠自然村）

德清武康龙胜历史悠久，萧公桥、谢公桥、兼济桥等一批具有宋元风格的石梁桥，相继发现于此，而且龙胜极有可能就是沈约故里——余坞村所在地。清道光《武康县志》记载："吴兴庙，在县东北二十五里前埠村，祀建昌侯沈休文，俗称吴兴土地。"《武康县志》又载："萧公桥，在县东北二十四里，吴兴土地沈休文庙前。"《武康县志》又载："绞丝岭，在县东北（二）十五里前埠村，上有吴兴土地庙，祀梁隐侯沈休文，庙前有萧公桥,志微时君臣之雅。"萧公桥保存较完整,古藤缠绕,整桥石质为武康石,制作古朴。桥墩为三石柱并列间排竖置,北侧桥墩中间石柱为八棱形,石柱有明显的侧脚,保留着爪墩的做法。

34. 谢公桥(德清县阜溪街道龙山村方安自然村寺院坞水库东南 200 米)

明万历《湖州府志》载:"皇觉教寺,(武康)县东北一十里(《武康县志》作一十五里),汉述善侯沈戎故宅建,初名怀德,宋治平二年改今额。"从皇觉寺遗址往南有小河,其上的三孔梁桥即谢公桥,以武康石建造,桥墩是二根石板立柱并列间排分立结构。这种两立柱并列间排竖置桥墩的技术原型均源自简支木梁桥的八字排架。

35. 绍隆桥(德清县钟管镇蠡山村三仙桥组 24 号房屋西)

桥面中孔后期改动较大,但整个桥面为明显的长弧形。边孔及排柱均为武康石材。东侧边孔纵梁外侧浮雕飞鸟。此鸟为大雁,即鸿,刻在桥上寓意吉祥富贵、鸿运当头。同时,取"雁"与"晏"的谐音,而且"大雁头青",构成寓意"海晏河清",常用来形容天下太平、国泰民安。

36. 上市桥(德清阜溪街道三桥村上市桥自然村阜溪上)

虽历经多次改建,但六块武康石立柱并排竖置,保存比较完整。中孔西立柱上刻:"皇宋岁次丁酉嘉熙(1237)改元十二月十一戊子日吉辰。"

37. 八楞桥(德清县钟管镇新联村后村西 97 号房屋东侧)

石梁桥的爪墩源于对木结构的模拟。桥墩每墩至少设分立

图4-46　绍隆桥（位于德清县钟管镇蠡山村）

石柱三根，其中左右两根石柱斜度较大，起到斜撑的作用，墩柱下脚都向外分开，上架搭石梁一根，形如爪，因此称作"爪墩"。八楞桥名由来，就跟特殊的桥墩做法有关，八楞桥因立柱是六根八棱形武康石柱，"楞"通"棱"，故得八楞桥之名。

38. 圣龙桥（德清县禹越镇夏家村）

西桥墩为两根石板立柱并列间排竖置，东桥墩为三根八棱形武康石石柱的爪墩。

39. 进贤桥（德清县阜溪街道民进村鲍家庄自然村西北小河上）

整桥为武康石材质。桥面由两块武康石纵梁并铺而成。纵梁由两边向中间逐渐增厚，呈下平上弧形态，微拱，纵梁外侧出檐，做成垂直折沿形的睑边。边孔纵梁侧面端首减地浮雕勾云纹，中孔纵梁侧面中间阴刻桥额"进贤桥"。由两端桥台向中间桥墩梯次增高，一组弧形桥面纵梁连接闭合就成了完美的弧形连续桥面。桥不设台阶，桥面直接连通路面。

40. 永福桥（德清县下渚湖街道塔山村石溪坞自然村）

整桥为武康石材质。两块立柱并排竖置，上扣横帽石梁，端面是典型的宋式鳌头状。桥面铺设中孔及南侧边孔，由两条石梁并铺，北侧边孔则由一整石铺就。纵梁由两边向中间逐渐增厚，呈下平上弧形态，微拱，纵梁外侧出檐，做成垂直折沿形的睑边，边孔纵梁侧面端首减地浮雕勾云纹，中孔纵梁侧面中间阴刻桥额"永福桥"。由两端桥台向中间桥墩梯次增高，一组弧形桥面纵梁连接闭合就成了完美的弧形连续桥面。桥不设台阶，桥面直接连通路面。

41. 宜男桥（德清县新市镇子思桥村七组南小河上）

该桥用石庞杂，历经改造，保留了武康石排柱，主孔南侧桥柱上有莲叶荷花字堂一幅，上面阴刻"元至正元年八月□□□□重□"等字样。该桥重建于元代，并于清宣统三年（1911）重建。

42. 真如桥（德清县洛舍镇砂村塘头自然村）

整桥为武康石材质。两块立柱并排竖置，上扣横帽石梁，端面是典型的宋式鳌头状。桥面由两块武康石纵梁并铺而成。纵梁由两边向中间逐渐增厚，呈下平上弧形态，微拱。由两端桥台向中间桥墩梯次增高，一组弧形桥面纵梁连接闭合就成了完美的弧形连续桥面。桥不设台阶，桥面直接连通路面。

图4-47　真如桥（位于德清县洛舍镇砂村，德清县文物保护单位）

纵梁外侧出檐，做成垂直折沿形的睑边，中孔纵梁两端为缠枝纹，中间双钩阴刻桥额"真如桥"。边孔靠中孔端为缠枝纹，底端为减地勾云纹。

43. 安济桥（德清县钟管镇干村村桥北自然村，现迁至蠡山水文化公园）

用石较杂，有武康石与花岗岩。桥面用三条两侧带睑边的武康石梁铺设，中间栏板上双钩阴刻桥额"安济桥"。排柱为武康石材，上有多处莲叶荷花字堂。桥台金刚墙为武康条石错缝平砌。

44. 太师桥（德清县钟管镇茅山村沈家埭自然村）

整桥为武康石材质。中孔桥面为面弧两侧带睑边的独块武康石梁，由两边向中间逐渐增厚，呈下平上弧形态，微拱。两次孔为两石梁平铺，可能为后期改建。桥额已风化不见，俗称太师桥。

45.三登桥（德清县新市镇梅林村梅林街自然村）

整桥为武康石材质。虽为清雍正十年（1732）重建，但有南宋袁说友、张严、王大有"皆寓居此，相继登第，里人荣之故名"的记载，此桥更有了科甲连登的美好寓意。整桥略呈弧形，桥不设台阶，桥面直接连通路面。

46.永宁桥（德清县新市镇白彪村永宁寺西侧河上）

南宋嘉泰《吴兴志》载："永宁院，在县东北三十六里白彪村，齐永明二年（484），丹阳太守沈豫舍宅建，唐咸通中复，赐今额。"永宁寺保存有唐代的经幢，寺西横跨有一座三孔石梁桥，虽为清代重建，但带睑边的武康石桥梁具有明显的明代以前的风格，排柱上的荷叶莲花浮雕也非常别致。

47.得道桥（德清县新市镇加元村吴家坝自然村）

整桥除中孔东侧纵梁外均为武康石材。桥墩为两块武康石立柱并排竖置，外侧倒角杀棱。排柱立面镌刻莲叶荷花字堂，可惜字迹湮灭不可辨。横帽石梁为典型的鳌头状。桥面由两块武康石纵梁并铺而成。纵梁由两边向中间逐渐增厚，呈下平上弧形态，微拱，纵梁外侧出檐，做成垂直折沿形的睑边。边孔纵梁侧面端首减地阳刻勾云纹，中孔西纵梁侧面中间阴刻桥额"得道桥"。整桥略呈弧形，桥不设台阶，桥面直接连通路面。

48.绵盛桥（德清县雷甸镇双溪村余杨自然村）

横帽石梁为武康石材。端面减地浮雕镌刻精美花卉，具有典型的宋元风格。但桥后期改造较大。

49.步高桥（德清县禹越镇天皇殿村徐石桥自然村）

横帽石梁为武康石材。端面减地浮雕镌刻精美花卉，忍冬纹、菊花纹都具有典型的宋元风格。但桥后期改造较大。

50.太平桥（德清县下渚湖街道塘泾村集镇）

全桥为武康石材。桥面由两块武康石纵梁并铺而成。纵梁由两边向中间逐渐增厚，呈下平上弧形态，微拱，纵梁外侧出檐，做成垂直折沿形的睑边。边孔纵梁侧面端首减地阳刻勾云纹，中孔纵梁侧面中间阴刻桥额"太平桥"。由两端桥台向中间桥墩梯次增高，一组弧形桥面纵梁连接闭合就成了完美的弧形连续桥面。桥不设台阶，桥面直接连通路面。

51.积善桥（长兴县洪桥镇涧湾村西口溪涧上）

中孔武康石纵梁由两边向中间逐渐增厚，呈下平上弧形态，微拱，纵梁外侧出檐，做成垂直折沿形的睑边，侧面中间阴刻桥额"积善桥"。南侧边孔还有一武康石睑边弧形石梁，侧面端首减地阳刻勾云纹，其他替换成了花岗岩。

52.三登桥（长兴县画溪街道曹家桥村北杨自然村西）

此桥在民国十四年（1925）重建时，原桥的武康石桥面石梁和排柱被部分保留下来，桥面六块石板皆为武康石，桥墩四根排柱石中有两根为武康石。其中中孔西向的一面刻有荷叶莲花字堂，是南宋重建此桥的纪年文字："昔癸未嘉定十六年（1223）十二月己巳朔二十二日庚寅重建。"

53.石佛桥（长兴县吕山乡坼门村石佛桥自然村）

此桥桥柱石有四块武康石柱，南侧排柱墩一武康石朝向中孔镌刻有荷叶莲花字堂，里面镌有文字："当邑舍钱弟子王敢同妻罗氏十二娘发心建造，岁次嘉定十二年（1219）十月初九日辛末朔旦，谨题。"此桥是长兴县内有明确纪年的最早的古桥。

图4-48　石佛桥（位于长兴县吕山乡扑门村）

54.古大卢桥（长兴县林城镇石英村石桥头自然村南）

此桥面分为三节，每节由两条弧形武康石纵梁并排而成，中间嵌入窄长的小花岗岩条石，整个桥面呈平缓的弧形，路桥相连，不设台阶。武康石梁外沿端首减地浮雕宋元风格的缠枝纹，中孔浅线框内双钩阴刻桥额"古大卢桥"，字排列较密。古大卢桥排柱墩也可见多个武康石排柱。

55. 习善桥（长兴县林城镇新星村澄心寺自然村）

此桥面整体呈弧形，武康石纵梁外沿带睑边，从两侧依次向中间增厚，边孔纵梁外端边角均镌刻勾云纹。中孔桥面两侧各阴刻有两处桥额"习善桥"。武康石桥墩排柱石外侧棱削杀，中孔桥墩其中一块武康石质排柱石上还刻有双蒂莲花底座的字堂。习善桥武康石纵梁与排柱的石质很细腻，与德清兼济桥、长兴三登桥和长兴石佛桥刻有南宋年号的排柱石质极为类似，甚至更精细，这应该是最迟为南宋早期在德清开采的武康石。而花岗岩的横帽石梁与桥墩应是民国廿六年（1937）改造的结果。嘉泰《吴兴志》记载："习善寺在（长兴）县西南百十四里，齐永明元年（483）置，本朝（指宋朝）祥符中增修，有释灵采记。治平二年（1065）改为证心院，后复今名。"习善桥的建造有可能在习善寺南宋复名之时。

56. 圣堂桥（长兴县虹星桥镇西南村钱家自然村）

此桥桥面为独块的武康石，呈弧形，两侧带折沿形睑边，三块连铺成连续的拱背长弧形，具有明显的宋元风格。桥面石板外侧阳刻"圣堂桥"，旁镌"光绪二十一年（1895）"字样，桥面石板上还隐约可见早期阴刻的"桥"字，说明始建于宋元的圣堂桥在晚清经历了重建，此桥桥墩为花岗石也可作为旁证。圣堂桥身很窄，只有 0.9 米，为防滑，圣堂桥两侧边孔纵梁镌横向梆阶。

57. 洪桥（长兴县虹星桥镇港口村长圆自然村）

整桥为武康石石质，桥墩为两块武康石立柱并排竖置，外侧倒角杀棱。排柱立面镌刻莲叶荷花字堂，可惜字迹湮灭不可辨。

横帽石梁为典型的鳌头状。桥面由两块武康石纵梁并铺而成。纵梁由两边向中间逐渐增厚，呈下平上弧形态，微拱，纵梁外侧出檐，做成垂直折沿形的睑边，边孔纵梁侧面端首减地阳刻勾云纹，中孔西纵梁侧面中间阴刻桥额"洪桥"。整桥略呈弧形。

四、五孔石梁桥

1. 宁远桥（吴兴区东林镇泉心村高桥头自然村）

此桥所用石材庞杂，花岗岩和武康石混用，是一座历经多次重修、重建的宋元桥，现桥为清同治九年（1870）重建，但我们在武康石桥柱上诸多荷叶莲花字堂里找到了两处纪年镌刻，一处是"皇宋淳祐岁次甲辰（1244）六月同建"，另一处是"皇

图4-49 宁远桥（位于吴兴区东林镇泉心村）

元延祐（1315）岁次乙卯三月吉日重建"。其他字堂内容多为
捐助题刻,有"西塘村唐奎助银拾两""姚家兜姚锦行助银十四两"
等。宁远桥的武康石纵梁略弧形且带折沿风格。

2.洪兴桥（德清县钟管镇钟管村大庙弄3号房屋西侧河上）

整桥以武康石材为主,虽经改建,桥中留存的望柱形制与
德清古桥群望柱相似、须弥座栏板与普济桥栏板相同,桥台以
武康条石错缝平砌。该桥应始建于南宋,年代久远,规模庞大。

3.嘉泰桥（长兴县和平镇庄里村庄里自然村）

此桥是一座南宋年号桥,嘉泰（1201—1204）是宋宁宗年
号。桥东侧第二孔南侧保留了旧的武康石梁,双钩阴刻桥额"嘉
泰桥",前无重建字样。由此,基本可以推断该桥始建于南宋
嘉泰年间,且残留了部分宋元风貌。该桥诸多元素符合南宋桥
梁的特征:一是桥梁残留了不少武康石构件;二是"嘉泰桥"
的题额为阴刻;三是桥面武康石梁带睑边且呈明显的拱弧形状,
形态优美犹如彩虹卧波;四是一桥墩的武康石排柱上存有荷花
字堂,可惜字迹模糊无法辨别。

五、七孔石梁桥

1.上殷桥（长兴县和平镇狄家斗村上殷桥自然村）

此桥依旧保留了大量的武康石旧构件,四处桥墩其中三处
为武康石材,排柱外沿倒角杀棱,而且桥墩依次向中央增高,
说明最初的桥面呈现大弧形,也是典型的宋元做法。在武康石
柱上有六处荷叶莲花字堂,浮雕立体效果明显,雕工细腻,其

写实风格也更接近宋元，字堂中镌刻的都是当年建桥的捐助者。

六、单孔石拱桥

1.广福桥（吴兴区织里镇乔溇村胡溇自然村）

广福桥是江浙的界桥，按拱券石荷叶莲花字堂镌刻的内容，建于元至正十四年（1354），明正统十四年（1449）重修，嘉

图4-50　广福桥（位于吴兴区织里镇乔溇村）

靖十六年（1537）重建，现存之桥由江苏省吴江县和浙江省乌程县于明天启元年（1621）合建。广福桥主要由武康石和太湖青石构筑而成，桥面压沿仰天石均为武康石，桥面整体成三折弧形，桥面顶部为三整条武康石并排构成。拱券采用分节并列和横联分节并列两种方式，桥拱顶部三节保留了分节并列手法。

2. 诸娄桥（吴兴区高新区沈娄村诸娄自然村）

诸娄桥主要由武康石、太湖石混合构筑而成。以武康石为主的须弥座式的弧形桥栏，使得整个桥面造型呈弧形，桥栏端头的祥云抱鼓石造型与德清宋元古桥群一般无二，太湖青石狮子望柱很别致。长系石端面也刻有减地浮雕四季花卉。在拱券内顶部的龙门石上有明确的纪年信息："元皇庆二年（1313）季冬鼎建，大清雍正五年（1727）岁在丁未春月乙未日重修。"

3. 路下桥（吴兴区妙西镇妙山村六里亭自然村）

桥上不见桥额，路下桥为俗称。整桥以武康石砌筑，分节并列的圆弧拱，呈弧形的桥面，错缝平砌的金刚墙，仰天石端头的勾云纹，诸多特征都可证其是一座典型的宋风石拱桥。

4. 善桥（吴兴区妙西镇后沈埠村南埠头自然村）

整桥以武康石砌筑，分节并列的圆弧拱，呈弧形的桥面，错缝平砌的金刚墙，仰天石端头的勾云纹，诸多特征都可证其是一座典型的宋风石拱桥。

5. 无畏寺桥（南浔区千金镇金城村金城茧站南）

南宋嘉泰《吴兴志》记载："无为寺，在县东南福增乡千金里，晋王衍舍宅建。"如今寺已不在，而桥讹为无畏寺桥，主体石材为武康石，拱券砌置为分节并列法，具有典型的宋元风格。

图4-51　无畏寺桥（位于南浔区千金镇金城村）

6.广福桥（南浔区菱湖镇山塘村村部以西约300米山边）

整桥为武康石材质，是湖州唯一一座采用横联方式砌置的石拱桥，其拱券采用条石横置环砌法。广福桥桥面为两根武康石梁并排而成，在桥面凿出圆形空洞，再嵌入同样武康石材质的桥心石，这样的做法在湖州为孤例。

7.广济桥（南浔区菱湖镇达民村莫家桥自然村）

拱券为武康石材质，分节并列砌置。桥台金刚墙为武康条石错缝平砌而成。仰莲式望柱与卷云纹抱鼓石雕刻与德清古桥群相仿。西桥垜武康石面镌刻幻方图案。武康石长系石均镌刻"南无阿弥陀佛"，十分罕见。

8. 里兴桥（南浔区菱湖镇下昂村沈家浜自然村）

整桥为武康石材质。拱券的做法比较特别，两侧的拱券延续分节并列，顶部的拱券两侧则嵌入了两条横联石，这样的结构应该属于重修古桥的结果。分节并列和横联分节并列两种方式并用，具有明显的过渡特征。

9. 万福桥（南浔区和孚镇双福桥村东泊自然村）

整桥为武康石材质，拱券为分节并列的圆弧拱，桥上置须弥座桥栏，中间桥栏外侧阴刻"重建万福桥"。由此桥南行不足百米即至乾道三年（1167）所建的安丰桥。

10. 升玄观桥（德清县下渚湖街道上杨村升玄观内）

嘉泰《吴兴志》记载，德清杨坟升元报德观"在县东南禺山之麓，绍兴二十六年和王杨存中建"。明嘉靖《武康县志》记载："俞家桥、仪桥、登云桥、潮音桥，俱县南三十五里。上四桥，宋绍兴二十六年（1156）和王杨存中建。"该桥为升玄观前放生池上石拱桥，武康石材，拱券为分节并列砌置。桥池畔常有道家举行得道成仙诸仪式，此小桥即为仪桥确证无疑。

11. 资敬寺前桥（德清县下渚湖街道二都村白洋坞资敬寺前）

整桥为武康石材质。拱券为分节并列砌置的圆弧拱。清道光《武康县志》载：资敬寺初创于元大德七年（1303），明洪武二十四年（1391）重修。目前寺已损毁，仅存该桥，桥的修建时代应和寺庙相当。

图4-52　资敬寺前桥（位于德清县下渚湖街道二都村）

12.丁家桥（德清县下渚湖街道宝塔山村丁家桥自然村）

整桥为武康石材质。拱券为分节并列砌置的圆弧拱。中央条石为匾额式样，阴刻桥额"丁家桥"。桥台金刚墙为武康条石错缝平砌而成。

13.康福桥（德清县新安镇舍东村环桥自然村）

整桥为武康石材质。拱券为分节并列砌置的圆弧拱。桥顶券面石双钩阴刻"康福桥"。桥台金刚墙为武康条石错缝平砌而成。桥面置桥栏，为长弧形须弥座式。

14.长发桥（德清县新市镇白彪村南墩自然村）

整桥为武康石材质。桥面两侧置有须弥座桥板，栏板上浮雕太阳、海水、海兽纹饰。

15. 上舍桥（安吉县高禹镇南店村东大自然村）

整桥为武康石材质。整桥为武康石材质。拱券的做法比较特别，两侧的拱券延续分节并列，顶部的拱券两侧则嵌入两条横联石。该桥曾于清光绪丁酉年（1897）重建，这样的结构应该是重修古桥的结果，分节并列和横联分节并列两种方式并用具有明显的过渡特征。桥台金刚墙为武康条石错缝平砌而成，桥面亦呈长弧形，不设台阶，路桥相连。

注：本章内容，系作者根据湖州市第三次全国文物普查情况及实地踏勘调查结果整理而成。

图书在版编目（CIP）数据

宋韵古桥 / 谢占强著 . -- 杭州 : 浙江工商大学出版社, 2024. 7. --（宋韵文化丛书 / 胡坚主编）. -- ISBN 978-7-5178-6063-1

Ⅰ . K928.78

中国国家版本馆 CIP 数据核字第 2024FV6581 号

宋韵古桥
SONGYUN GUQIAO

谢占强　著

出 品 人	郑英龙
策划编辑	沈　娴
责任编辑	刘　颖
责任校对	沈黎鹏　李远东
封面设计	观止堂_未氓
责任印制	包建辉
出版发行	浙江工商大学出版社
	（杭州市教工路 198 号　邮政编码 310012）
	（E-mail : zjgsupress@163.com）
	（网址 : http://www.zjgsupress.com）
	电话 : 0571-88904980 , 88831806（传真）
排　　版	浙江大千时代文化传媒有限公司
印　　刷	浙江海虹彩色印务有限公司
开　　本	880 mm × 1230 mm　1/32
印　　张	10.25
字　　数	211千
版 印 次	2024年7月第1版　2024年7月第1次印刷
书　　号	ISBN 978-7-5178-6063-1
定　　价	78.00元